آموزش هانگول پایه برای فارسی‌زبانان

페르시아어를 사용하는 국민을 위한

기초 한글배우기

① 기초편

نسخه پایه جلد ۱

권용선 저

یادگیری کره‌ای از طریق فارسی

■ 세종대왕(조선 제4대 왕)
پادشاه سه‌جونگ
(چهارمین پادشاه سلسله جوسون)

유네스코 세계문화유산

میراث فرهنگی جهانی یونسکو

■ 세종대왕 탄신 627돌(2024.5.15) 숭모제전
- 분향(焚香) 및 헌작(獻爵), 독축(讀祝), 사배(四拜), 헌화(獻花), 망료례(望燎禮), 예필(禮畢), 인사말씀(국무총리)

■ 무용 : 봉래의(鳳來儀) | 국립국악원 무용단
- '용비어천가'의 가사를 무용수들이 직접 노래하고 춤을 춤으로써 비로소 시(詩), 가(歌), 무(舞)가 합일하는 악(樂)을 완성하는 장면

■ 영릉(세종·소헌왕후)

조선 제4대 세종대왕과 소헌왕후 심씨를 모신 합장릉이다.
세종대왕은 한글을 창제하고 혼천의를 비롯한 여러 과학기기를 발명하는 등 재위기간 중 뛰어난 업적을 이룩하였다.

■ 소재지(Location): 대한민국 경기도 여주시 세종대왕면 영릉로 269-10

■ 대표 업적
- 한글 창제: 1443년(세종 25년)~1446년 9월 반포
- 학문 창달
- 과학의 진흥
- 외치와 국방
- 음악의 정리
- 속육전 등의 법전 편찬 및 정리
- 각종 화학 무기 개발

میراث فرهنگی جهانی یونسکو

■ یونگنونگ (مزار شاه سه‌جونگ و ملکه سوهیون)

این تپه مشترک مربوط به چهارمین پادشاه سلسله چوسان شاه سه‌جونگ، و ملکه سوهیون، بانوی شیم است. شاه سه‌جونگ به خاطر ایجاد هانگول و اختراع ابزارهای علمی مختلف از جمله هنچونسیگیه در دوران حکومتش شهرت دارد و دستاوردهای قابل توجهی را به دست آورده است.

■ مکان: ۲۶۹-۱۰، خیابان یونگنونگ، محله سه‌جونگ دائوانگ، شهر یئوجو، استان گیونگگی-دو، کره‌ی جمهوری

■ دستاوردهای اصلی

- ایجاد هانگول: آغاز شده در سال ۱۴۴۳ (سال ۲۵ حکومت شاه سه‌جونگ) و بخشنامه‌ای در سپتامبر ۱۴۴۶
- پیشرفت دانش علمی
- ترویج علم
- استراتژی نظامی و دفاع ملی
- سیستم‌بندی موسیقی
- تنظیم و سازماندهی قوانین حقوقی مانند شش دادخواست
- توسعه انواع تسلیحات

Let's learn Hangul!

هانگول از ۱۴ حرف بی‌صدا و ۱۰ حرف صدادار (واکه) به همراه ترکیباتی از حروف و صداهای مضاعف تشکیل شده است که به کاراکترها

صداهایشان را می‌دهند. تقریباً ۱۱،۱۷۰ کاراکتر ترکیبی هانگول را تشکیل می‌دهند، که حدود ۳۰٪ از آنها در استفاده معمول هستند

این کتاب بر اساس کلمات و عبارات کره‌ای متداول در زندگی روزمره ساخته شده است و بر روی موارد زیر تمرکز دارد:

■ تشکیل شده از محتوای آموزشی پایه بر اساس اصول حروف بی‌صدا و صداهای هانگول.

■ نشان دادن ترتیب صحیح موشکافی‌ها برای هانگول به منظور بنیان‌گذاری مفاهیم درست استفاده.

■ تاکید بر "نوشتن" از طریق تمرین‌های نوشتاری مکرر برای تسهیل دریافت طبیعی هانگول.

■ منابعی برای یادگیری همزمان با کتاب در وب‌سایت (www.K-hangul.kr) در دسترس است.

■ محتوا بر اساس کاراکترها و کلماتی است که در زندگی روزمره در کره استفاده می‌شوند.

■ تمرکز کمتر بر روی کاراکترهای کمتر استفاده شده هانگول، تنها شامل محتوای ضروری.

یادگیری زبان معادل یادگیری فرهنگ است و به عنوان فرصتی برای گسترش دیدگاه عمل می‌کند.

از آنجا که این کتاب بنیادی برای یادگیری هانگول است، درک جامع محتوا منجر به مهارت در هانگول و درک فرهنگ و ارزشهای کره‌ای میشود

ااز شما سپاسگزاریم.

한글은 자음 14자, 모음 10자 그 외에 겹자음과 겹모음의 조합으로 글자가 이루어지며 소리를 갖게 됩니다. 한글 조합자는 약 11,170자로 이루어져 있는데, 그중 30% 정도가 주로 사용되고 있습니다. 이 책은 실생활에서 자주 사용하는 우리말을 토대로 내용을 구성하였고, 다음 사항을 중심으로 개발 되었습니다.

■ 한글의 자음과 모음을 기초로 배우는 기본 학습내용으로 이루어져 있습니다.

■ 한글의 필순을 제시하여 올바른 한글 사용의 기초를 튼튼히 다지도록 했습니다.

■ 반복적인 쓰기 학습을 통해 자연스레 한글을 습득할 수 있도록 '쓰기'에 많은 지면을 할애하였습니다.

■ 홈페이지(www.k-hangul.kr)에 교재와 병행 학습할 수 있는 자료를 제공하고 있습니다.

■ 한국의 일상생활에서 자주 사용되는 글자나 낱말을 중심으로 내용을 구성하였습니다.

■ 사용빈도가 높지 않은 한글에 대한 내용은 줄이고 꼭 필요한 내용만 수록하였습니다.

언어를 배우는 것은 문화를 배우는 것이며, 사고의 폭을 넓히는 계기가 됩니다. 이 책은 한글 학습에 기본이 되는 교재이므로 내용을 꼼꼼하게 터득하면 한글은 물론 한국의 문화와 정신까지 폭넓게 이해 하게 될 것입니다.

※참고 : 본 교재는 ❶기초편으로, ❷문장편 ❸대화편 ❹생활 편으로 구성되어 출간 판매 중에 있습니다.

넥티: این کتاب در فروشگاه‌ها موجود است و از چهار بخش تشکیل شده است: ❶نسخه پایه، ❷نسخه جملات، ❸نسخه گفتگو، و ❹نسخه زندگی‌نامه.

※판매처 : 교보문고, 알라딘, yes24, 네이버, 쿠팡 등

موجود در: مرکز کتاب کیوبو، آلادین، Yes۲٤، ناور، Coupang، و غیره.

저자 권용선

차 례   فهرست مطالب

제1장

자음

فصل 1: حروف بیصدا (همخوانها)

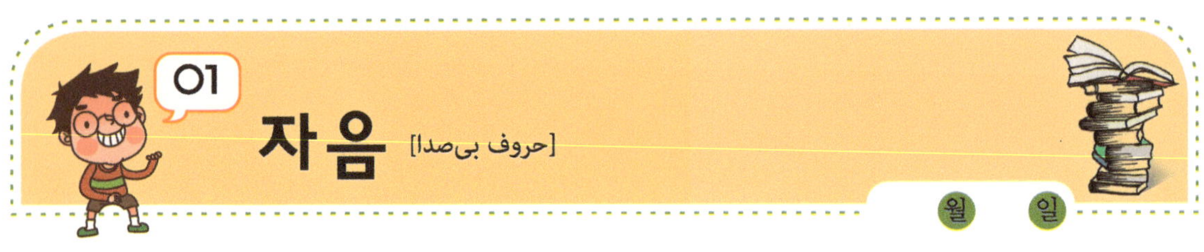

자음 읽기 [خواندن حروف بی‌صدا]

ㄱ	ㄴ	ㄷ	ㄹ	ㅁ
기역(Giyeok)	니은(Nieun)	디귿(Digeut)	리을(Rieul)	미음(Mieum)
ㅂ	ㅅ	ㅇ	ㅈ	ㅊ
비읍(Bieup)	시옷(Siot)	이응(Ieung)	지읒(Jieut)	치읓(Chieut)
ㅋ	ㅌ	ㅍ	ㅎ	
키읔(Kieuk)	티읕(Tieut)	피읖(Pieup)	히읗(Hieut)	

자음 쓰기 [نوشتن حروف بی‌صدا]

ㄱ	ㄴ	ㄷ	ㄹ	ㅁ
기역(Giyeok)	니은(Nieun)	디귿(Digeut)	리을(Rieul)	미음(Mieum)
ㅂ	ㅅ	ㅇ	ㅈ	ㅊ
비읍(Bieup)	시옷(Siot)	이응(Ieung)	지읒(Jieut)	치읓(Chieut)
ㅋ	ㅌ	ㅍ	ㅎ	
키읔(Kieuk)	티읕(Tieut)	피읖(Pieup)	히읗(Hieut)	

자음 [حروف بی‌صدا]

월 일

자음 익히기 [یادگیری حروف بی‌صدا]

다음 자음을 쓰는 순서에 맞게 따라 쓰세요.
(حروف بی‌صدای زیر را با رعایت ترتیب صحیح نوشتن بنویسید.)

자음 حروف بی‌صدا	이름 نام	쓰는 순서 ترتیب نوشتن	영어 표기 نماد انگلیسی	쓰기 نوشتن				
ㄱ	기역		Giyeok	ㄱ				
ㄴ	니은		Nieun	ㄴ				
ㄷ	디귿		Digeut	ㄷ				
ㄹ	리을		Rieul	ㄹ				
ㅁ	미음		Mieum	ㅁ				
ㅂ	비읍		Bieup	ㅂ				
ㅅ	시옷		Siot	ㅅ				
ㅇ	이응		Ieung	ㅇ				
ㅈ	지읒		Jieut	ㅈ				
ㅊ	치읓		Chieut	ㅊ				
ㅋ	키읔		Kieuk	ㅋ				
ㅌ	티읕		Tieut	ㅌ				
ㅍ	피읖		Pieup	ㅍ				
ㅎ	히읗		Hieut	ㅎ				

한글 자음과 모음표 [جدول حروف بی‌صدا و صدای هانگول]

월 일

※ 참고 : 음절표(18p~37P)에서 학습할 내용

mp3 자음 모음	ㅏ (아)	ㅑ (야)	ㅓ (어)	ㅕ (여)	ㅗ (오)	ㅛ (요)	ㅜ (우)	ㅠ (유)	ㅡ (으)	ㅣ (이)
ㄱ (기역)	가	갸	거	겨	고	교	구	규	그	기
ㄴ (니은)	나	냐	너	녀	노	뇨	누	뉴	느	니
ㄷ (디귿)	다	댜	더	뎌	도	됴	두	듀	드	디
ㄹ (리을)	라	랴	러	려	로	료	루	류	르	리
ㅁ (미음)	마	먀	머	며	모	묘	무	뮤	므	미
ㅂ (비읍)	바	뱌	버	벼	보	뵤	부	뷰	브	비
ㅅ (시옷)	사	샤	서	셔	소	쇼	수	슈	스	시
ㅇ (이응)	아	야	어	여	오	요	우	유	으	이
ㅈ (지읒)	자	쟈	저	져	조	죠	주	쥬	즈	지
ㅊ (치읓)	차	챠	처	쳐	초	쵸	추	츄	츠	치
ㅋ (키읔)	카	캬	커	켜	코	쿄	쿠	큐	크	키
ㅌ (티읕)	타	탸	터	텨	토	툐	투	튜	트	티
ㅍ (피읖)	파	퍄	퍼	펴	포	표	푸	퓨	프	피
ㅎ (히읗)	하	햐	허	혀	호	효	후	휴	흐	히

모음

فصل 2: (حروف صدادار) واکه‌ها

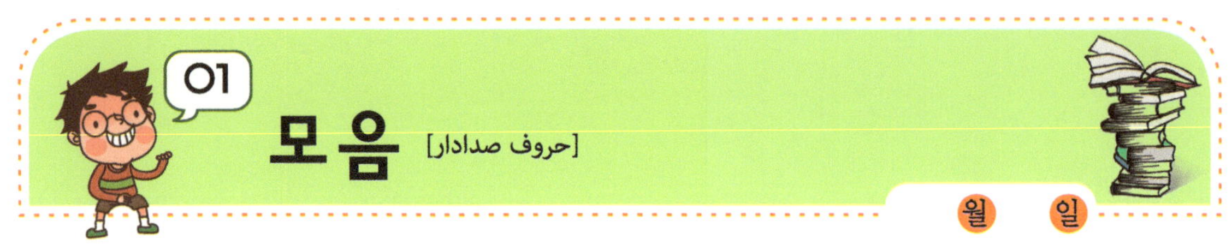

모음 [حروف صدادار]

모음 읽기 [خواندن حروف صدادار]

ㅏ	ㅑ	ㅓ	ㅕ	ㅗ
아(A)	야(Ya)	어(Eo)	여(Yeo)	오(O)
ㅛ	ㅜ	ㅠ	ㅡ	ㅣ
요(Yo)	우(U)	유(Yu)	으(Eu)	이(I)

모음 쓰기 [نوشتن حروف صدادار]

ㅏ	ㅑ	ㅓ	ㅕ	ㅗ
아(A)	야(Ya)	어(Eo)	여(Yeo)	오(O)
ㅛ	ㅜ	ㅠ	ㅡ	ㅣ
요(Yo)	우(U)	유(Yu)	으(Eu)	이(I)

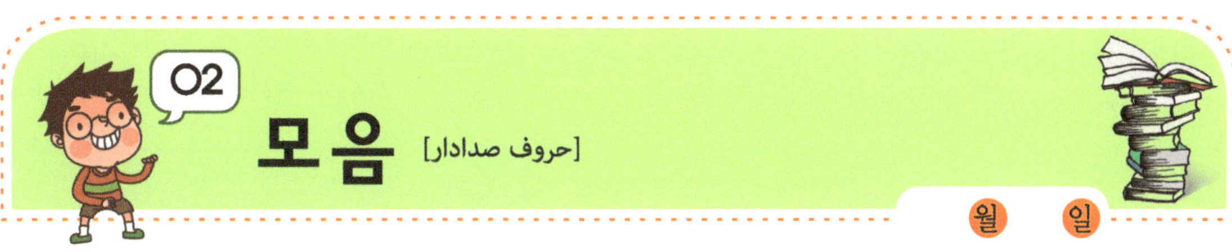

모음 익히기 [یادگیری حروف صدادار]

다음 모음을 쓰는 순서에 맞게 따라 쓰세요.
(حروف صدادار زیر را با رعایت ترتیب صحیح نوشتن بنویسید.)

모음 حروف صدادار	이름 نام	쓰는 순서 ترتیب نوشتن	영어 표기 نماد انگلیسی	쓰기 نوشتن				
ㅏ	아		A	ㅏ				
ㅑ	야		Ya	ㅑ				
ㅓ	어		Eo	ㅓ				
ㅕ	여		Yeo	ㅕ				
ㅗ	오		O	ㅗ				
ㅛ	요		Yo	ㅛ				
ㅜ	우		U	ㅜ				
ㅠ	유		Yu	ㅠ				
ㅡ	으		Eu	ㅡ				
ㅣ	이		I	ㅣ				

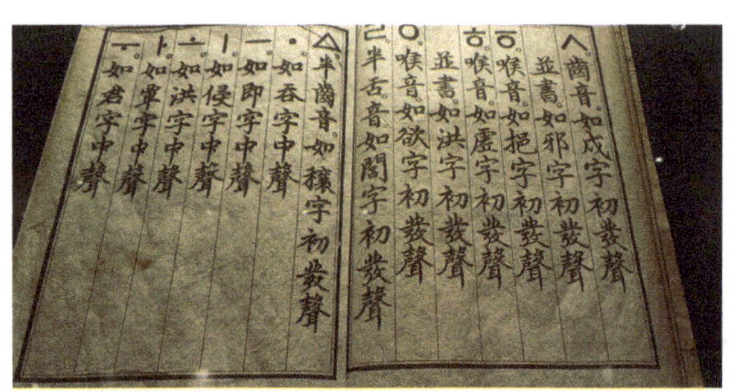

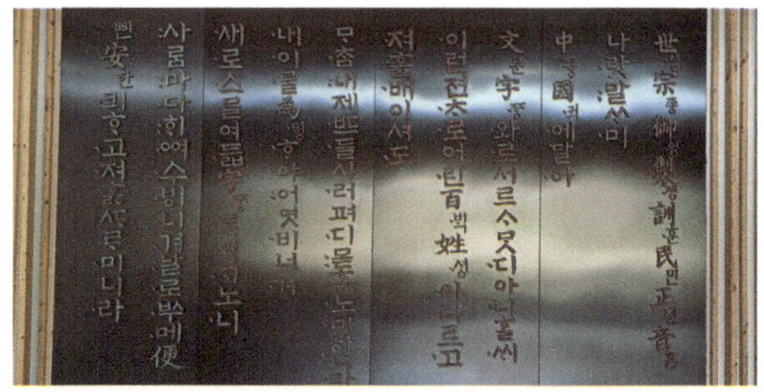

- 훈민정음(訓民正音) : 새로 창제된 훈민정음을 1446년(세종 28) 정인지 등 집현전 학사들이 저술한 한문해설서이다. 해례가 붙어 있어서〈훈민정음 해례본 訓民正音 解例本〉이라고도 하며 예의(例義), 해례(解例), 정인지 서문으로 구성되어 있다. 특히 서문에는 **훈민정음을 만든 이유,** 편찬자, 편년월일, 우수성을 기록하고 있다. 1997년 유네스코 세계기록유산으로 등록되었다.

■ 훈민정음(訓民正音)을 만든 이유

- 훈민정음은 백성을 가르치는 바른 소리 -

훈민정음 서문에 나오는 '나랏말쏨이 중국과 달라 한자와 서로 통하지 않는다.' 는 말은 풍속과 기질이 달라 성음(聲音)이 서로 같지 않게 된다는 것이다.

"이런 이유로 어리석은 백성이 말하고 싶은 것이 있어도 마침내 제 뜻을 표현하지 못하는 사람이 많다. 이를 불쌍히 여겨 새로 28자를 만들었으니 사람마다 쉽게 익혀 씀에 편하게 할 뿐이다."

지혜로운 사람은 아침나절이 되기 전에 이해하고 어리석은 사람도 열흘이면 배울 수 있는 훈민정음은 바람소리, 학의 울음이나 닭 울음소리, 개 짖는 소리까지 모두 표현해 쓸 수 있어 지구상의 모든 문자 가운데 가장 창의적이고 과학적이라는 찬사를 받는 문자이다.

-세종 28년-

■ 세종대왕 약력

- 조선 제4대 왕
- 이름: 이도
- 출생지: 서울(한양)
- 생년월일: 1397년 5월 15일~1450년 2월 17일
- 재위 기간: 1418년 8월~1450년 2월(31년 6개월)

■ دلیل ایجاد هان‌مین‌جونگوم (هان‌مین‌جونگوم: صداهای صحیح برای آموزش به مردم)

- هان‌مین‌جونگوم برای آموزش صداهای صحیح به مردم ایجاد شد

عبارتی از پیشگفتار هان‌مین‌جونگوم، "زبان ملت ما با زبان چین متفاوت است و با حروف چینی همخوانی ندارد"، نشان می‌دهد که به دلیل عادات و خلق و خوی متفاوت، صداها و تلفظها نیز متفاوت هستند.

ه همین دلیل، بسیاری از مردم بی‌آگاه می‌خواهند چیزی را بیان کنند اما در نهایت نمی‌توانند نیت‌های خود را بیان کنند. از متأثر شدن از این امر، من یک مجموعه جدید از ۲۸ کاراکتر ایجاد کرده‌ام تا تمام مردم بتوانند آنها را به راحتی یاد بگیرند و به سادگی استفاده کنند.

‌مین‌جونگوم، قابل فهم برای داناها پیش از صبح و یادگیری‌پذیر برای نادانان در عرض ده روز، به عنوان قدرتمندترین و علمی‌ترین سیستم نوشتاری در جهان جشن گرفته می‌شود، که قادر به نمایش هر چیز از صدای باد تا فریادهای طوطیان، خروس‌ها و سگ‌ها است.

- سال ۲۸ام حکومت شاه سه‌جونگ

■ زندگینامه پادشاه سه‌جونگ

چهارمین پادشاه سلسله جوسون

نام: لی دو

محل تولد: سئول (هانیانگ)

تاریخ تولد: 15 مه 1397

تاریخ وفات: 17 فوریه 1450

دوره حکومت: اوت 1418 تا فوریه 1450 (31 سال و 6 ماه)

겹자음과 겹모음

فصل 3: حروف مضاعف و صداهای مجاور

겹자음 [حروف مضاعف]

월 일

▤ 겹자음 읽기 [خواندن حروف مضاعف]

ㄲ	ㄸ	ㅃ	ㅆ	ㅉ
쌍기역 (Ssanggiyeok)	쌍디귿 (Ssangdigeut)	쌍비읍 (Ssangbieup)	쌍시옷 (Ssangsiot)	쌍지읒 (Ssangjieut)

▤ 겹자음 쓰기 [نوشتن حروف مضاعف]

ㄲ	ㄸ	ㅃ	ㅆ	ㅉ
쌍기역 (Ssanggiyeok)	쌍디귿 (Ssangdigeut)	쌍비읍 (Ssangbieup)	쌍시옷 (Ssangsiot)	쌍지읒 (Ssangjieut)

▤ 겹자음 익히기 [یادگیری حروف مضاعف]

다음 겹자음을 쓰는 순서에 맞게 따라 쓰세요.
(حروف مضاعف زیر را با رعایت ترتیب صحیح نوشتن بنویسید.)

겹자음 حروف مضاعف	이름 نام	쓰는 순서 ترتیب نوشتن	영어 표기 نمادانگلیسی	쓰기 نوشتن				
ㄲ	쌍기역		Ssanggiyeok	ㄲ				
ㄸ	쌍디귿		Ssangdigeut	ㄸ				
ㅃ	쌍비읍		Ssangbieup	ㅃ				
ㅆ	쌍시옷		Ssangsiot	ㅆ				
ㅉ	쌍지읒		Ssangjieut	ㅉ				

겹모음 [صداهای مجاور]

월   일

겹모음 읽기 [خواندن صداهای مجاور]

ㅐ	ㅔ	ㅒ	ㅖ	ㅘ
애(Ae)	에(E)	얘(Yae)	예(Ye)	와(Wa)
ㅙ	ㅚ	ㅝ	ㅞ	ㅟ
왜(Wae)	외(Oe)	워(Wo)	웨(We)	위(Wi)
ㅢ				
의(Ui)				

겹모음 쓰기 [نوشتن صداهای مجاور]

ㅐ	ㅔ	ㅒ	ㅖ	ㅘ
애(Ae)	에(E)	얘(Yae)	예(Ye)	와(Wa)
ㅙ	ㅚ	ㅝ	ㅞ	ㅟ
왜(Wae)	외(Oe)	워(Wo)	웨(We)	위(Wi)
ㅢ				
의(Ui)				

겹모음 [صداهای مجاور]

월 　 일

겹모음 익히기 [یادگیری صداهای مجاور]

다음 겹모음을 쓰는 순서에 맞게 따라 쓰세요.
(صداهای مضاعف زیر را با رعایت ترتیب صحیح نوشتن بنویسید.)

겹모음 صداهای مجاور	이름 نام	쓰는 순서 ترتیب نوشتن	영어 표기 نمادانگلیسی	쓰기 نوشتن					
ㅐ	애		Ae	ㅐ					
ㅔ	에		E	ㅔ					
ㅒ	얘		Yae	ㅒ					
ㅖ	예		Ye	ㅖ					
ㅘ	와		Wa	ㅘ					
ㅙ	왜		Wae	ㅙ					
ㅚ	외		Oe	ㅚ					
ㅝ	워		Wo	ㅝ					
ㅞ	웨		We	ㅞ					
ㅟ	위		Wi	ㅟ					
ㅢ	의		Ui	ㅢ					

음절표

فصل 4: جدول هجا

자음+모음 (ㅏ) 읽기 [خواندن حروف بی‌صدا + حروف صدادار (ㅏ)]

가	나	다	라	마
Ga	Na	Da	Ra	Ma
바	사	아	자	차
Ba	Sa	A	Ja	Cha
카	타	파	하	
Ka	Ta	Pa	Ha	

자음+모음 (ㅏ) 쓰기 [نوشتن حروف بی‌صدا + حروف صدادار (ㅏ)]

가	나	다	라	마
Ga	Na	Da	Ra	Ma
바	사	야	자	차
Ba	Sa	A	Ja	Cha
카	타	파	하	
Ka	Ta	Pa	Ha	

월 일

자음+모음(ㅏ) 익히기 [یادگیری حروف بی‌صدا + حروف صدادار (ㅏ)]

다음 자음+모음(ㅏ)을 쓰는 순서에 맞게 따라 쓰세요.

(حروف بی‌صدا + حروف صدادار(ㅏ) زیر را با رعایت ترتیب صحیح نوشتن بنویسید.)

자음+모음(ㅏ)	이름	쓰는 순서	영어 표기	쓰기					
ㄱ+ㅏ	가	가	Ga	가					
ㄴ+ㅏ	나	나	Na	나					
ㄷ+ㅏ	다	다	Da	다					
ㄹ+ㅏ	라	라	Ra	라					
ㅁ+ㅏ	마	마	Ma	마					
ㅂ+ㅏ	바	바	Ba	바					
ㅅ+ㅏ	사	사	Sa	사					
ㅇ+ㅏ	아	아	A	아					
ㅈ+ㅏ	자	자	Ja	자					
ㅊ+ㅏ	차	차	Cha	차					
ㅋ+ㅏ	카	카	Ka	카					
ㅌ+ㅏ	타	타	Ta	타					
ㅍ+ㅏ	파	파	Pa	파					
ㅎ+ㅏ	하	하	Ha	하					

02 자음+모음 (ㅓ)

[حروف بی‌صدا + حروف صدادار (ㅓ)]

월   일

거	너	더	러	머
Geo	Neo	Deo	Reo	Meo
버	서	어	저	처
Beo	Seo	Eo	Jeo	Cheo
커	터	퍼	허	
Keo	Teo	Peo	Heo	

거	너	더	러	머
Geo	Neo	Deo	Reo	Meo
버	서	어	저	처
Beo	Seo	Eo	Jeo	Cheo
커	터	퍼	허	
Keo	Teo	Peo	Heo	

02 자음+모음 (ㅓ)

[حروف بی‌صدا + حروف صدادار (ㅓ)]

월   일

자음+모음(ㅓ) 익히기 [یادگیری حروف بی‌صدا + حروف صدادار (ㅓ)]

다음 자음+모음(ㅓ)을 쓰는 순서에 맞게 따라 쓰세요.

(حروف بی‌صدا + حروف صدادار(ㅓ) زیر را با رعایت ترتیب صحیح نوشتن بنویسید.)

자음+모음(ㅓ)	이름	쓰는 순서	영어 표기	쓰기				
ㄱ+ㅓ	거	겨	Geo	거				
ㄴ+ㅓ	너	너	Neo	너				
ㄷ+ㅓ	더	더	Deo	더				
ㄹ+ㅓ	러	러	Reo	러				
ㅁ+ㅓ	머	머	Meo	머				
ㅂ+ㅓ	버	벼	Beo	버				
ㅅ+ㅓ	서	서	Seo	서				
ㅇ+ㅓ	어	어	Eo	어				
ㅈ+ㅓ	저	저	Jeo	저				
ㅊ+ㅓ	처	처	Cheo	처				
ㅋ+ㅓ	커	커	Keo	커				
ㅌ+ㅓ	터	터	Teo	터				
ㅍ+ㅓ	퍼	퍼	Peo	퍼				
ㅎ+ㅓ	허	허	Heo	허				

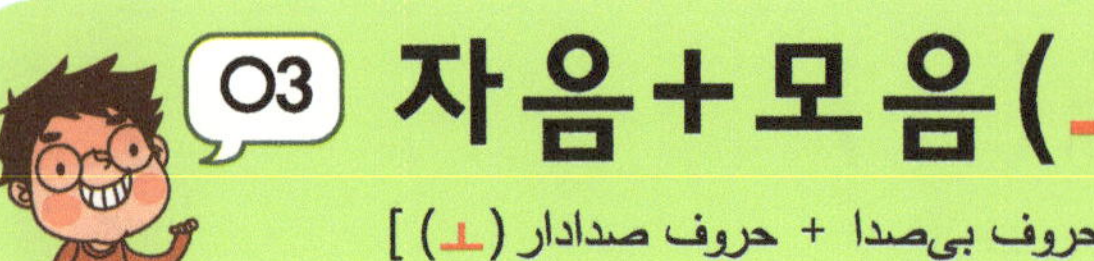

03 자음+모음(ㅗ)

[حروف بی‌صدا + حروف صدادار (ㅗ)]

월   일

자음+모음(ㅗ) 읽기 [خواندن حروف بی‌صدا + حروف صدادار (ㅗ)]

고	노	도	로	모
Go	No	Do	Ro	Mo
보	소	오	조	초
Bo	So	O	Jo	Cho
코	토	포	호	
Ko	To	Po	Ho	

자음+모음(ㅗ) 쓰기 [نوشتن حروف بی‌صدا + حروف صدادار (ㅗ)]

고	노	도	로	모
Go	No	Do	Ro	Mo
보	소	오	조	초
Bo	So	O	Jo	Cho
코	토	포	호	
Ko	To	Po	Ho	

03 자음+모음(ㅗ)

[حروف بی‌صدا + حروف صدادار (ㅗ)]

월   일

자음+모음(ㅗ) 익히기 [یادگیری حروف بی‌صدا + حروف صدادار (ㅗ)]

다음 자음+모음(ㅗ)을 쓰는 순서에 맞게 따라 쓰세요.

(حروف بی‌صدا + حروف صدادار(ㅗ) زیر را با رعایت ترتیب صحیح نوشتن بنویسید.)

자음+모음(ㅗ)	이름	쓰는 순서	영어 표기	쓰기					
ㄱ+ㅗ	고	고	Go	고					
ㄴ+ㅗ	노	노	No	노					
ㄷ+ㅗ	도	도	Do	도					
ㄹ+ㅗ	로	로	Ro	로					
ㅁ+ㅗ	모	모	Mo	모					
ㅂ+ㅗ	보	보	Bo	보					
ㅅ+ㅗ	소	소	So	소					
ㅇ+ㅗ	오	오	O	오					
ㅈ+ㅗ	조	조	Jo	조					
ㅊ+ㅗ	초	초	Cho	초					
ㅋ+ㅗ	코	코	Ko	코					
ㅌ+ㅗ	토	토	To	토					
ㅍ+ㅗ	포	포	Po	포					
ㅎ+ㅗ	호	호	Ho	호					

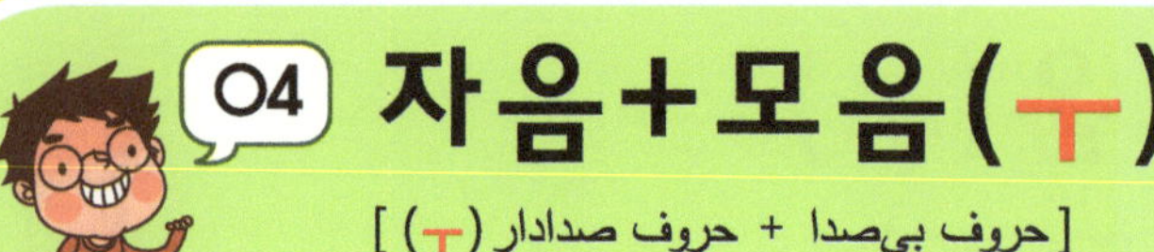

자음＋모음(ㅜ) 읽기 [خواندن حروف بی‌صدا + حروف صدادار (ㅜ)]

구	누	두	루	무
Gu	Nu	Du	Ru	Mu
부	수	우	주	추
Bu	Su	U	Ju	Chu
쿠	투	푸	후	
Ku	Tu	Pu	Hu	

자음＋모음(ㅜ) 쓰기 [نوشتن حروف بی‌صدا + حروف صدادار (ㅜ)]

구	누	두	루	무
Gu	Nu	Du	Ru	Mu
부	수	우	주	추
Bu	Su	U	Ju	Chu
쿠	투	푸	후	
Ku	Tu	Pu	Hu	

04 자음+모음(ㅜ)

[حروف بی‌صدا + حروف صدادار (ㅜ)]

월   일

자음+모음(ㅜ) 익히기 [یادگیری حروف بی‌صدا + حروف صدادار (ㅜ)]

다음 자음+모음(ㅜ)을 쓰는 순서에 맞게 따라 쓰세요.

(حروف بی‌صدا + حروف صدادار(ㅜ) زیر را با رعایت ترتیب صحیح نوشتن بنویسید.)

자음+모음(ㅜ)	이름	쓰는 순서	영어 표기	쓰기				
ㄱ+ㅜ	구	구	Gu	구				
ㄴ+ㅜ	누	누	Nu	누				
ㄷ+ㅜ	두	두	Du	두				
ㄹ+ㅜ	루	루	Ru	루				
ㅁ+ㅜ	무	무	Mu	무				
ㅂ+ㅜ	부	부	Bu	부				
ㅅ+ㅜ	수	수	Su	수				
ㅇ+ㅜ	우	우	U	우				
ㅈ+ㅜ	주	주	Ju	주				
ㅊ+ㅜ	추	추	Chu	추				
ㅋ+ㅜ	쿠	쿠	Ku	쿠				
ㅌ+ㅜ	투	투	Tu	투				
ㅍ+ㅜ	푸	푸	Pu	푸				
ㅎ+ㅜ	후	후	Hu	후				

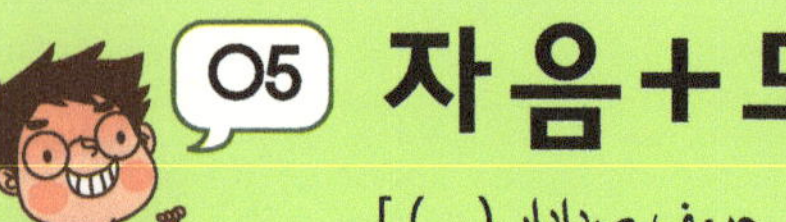

05 자음+모음 (ㅡ)

[حروف بی‌صدا + حروف صدادار (ㅡ)]

월 일

자음+모음(ㅡ) 읽기 [خواندن حروف بی‌صدا + حروف صدادار (ㅡ)]

그	느	드	르	므
Geu	Neu	Deu	Reu	Meu
브	스	으	즈	츠
Beu	Seu	Eu	Jeu	Cheu
크	트	프	흐	
Keu	Teu	Peu	Heu	

자음+모음(ㅡ) 쓰기 [نوشتن حروف بی‌صدا + حروف صدادار (ㅡ)]

그	느	드	르	므
Geu	Neu	Deu	Reu	Meu
브	스	으	즈	츠
Beu	Seu	Eu	Jeu	Cheu
크	트	프	흐	
Keu	Teu	Peu	Heu	

05 자음+모음(ㅡ)

[حروف بی‌صدا + حروف صدادار (ㅡ)]

월   일

자음+모음(ㅡ) 익히기

[یادگیری حروف بی‌صدا + حروف صدادار (ㅡ)]

다음 자음+모음(ㅡ)을 쓰는 순서에 맞게 따라 쓰세요.

(حروف بی‌صدا + حروف صدادار(ㅡ) زیر را با رعایت ترتیب صحیح نوشتن بنویسید.)

자음+모음(ㅡ)	이름	쓰는 순서	영어 표기	쓰기
ㄱ+ㅡ	그		Geu	그
ㄴ+ㅡ	느		Neu	느
ㄷ+ㅡ	드		Deu	드
ㄹ+ㅡ	르		Reu	르
ㅁ+ㅡ	므		Meu	므
ㅂ+ㅡ	브		Beu	브
ㅅ+ㅡ	스		Seu	스
ㅇ+ㅡ	으		Eu	으
ㅈ+ㅡ	즈		Jeu	즈
ㅊ+ㅡ	츠		Cheu	츠
ㅋ+ㅡ	크		Keu	크
ㅌ+ㅡ	트		Teu	트
ㅍ+ㅡ	프		Peu	프
ㅎ+ㅡ	흐		Heu	흐

06 자음+모음(ㅑ)

[حروف بی‌صدا + حروف صدادار (ㅑ)]

자음+모음(ㅑ) 읽기 [خواندن حروف بی‌صدا + حروف صدادار (ㅑ)]

갸	냐	댜	랴	먀
Gya	Nya	Dya	Rya	Mya
뱌	샤	야	쟈	챠
Bya	Sya	Ya	Jya	Chya
캬	탸	퍄	햐	
Kya	Tya	Pya	Hya	

자음+모음(ㅑ) 쓰기 [نوشتن حروف بی‌صدا + حروف صدادار (ㅑ)]

갸	냐	댜	랴	먀
Gya	Nya	Dya	Rya	Mya
뱌	샤	야	쟈	챠
Bya	Sya	Ya	Jya	Chya
캬	탸	퍄	햐	
Kya	Tya	Pya	Hya	

자음+모음(ㅑ)

[حروف بی‌صدا + حروف صدادار (ㅑ)]

월 　 일

자음+모음(ㅑ) 익히기

[یادگیری حروف بی‌صدا + حروف صدادار (ㅑ)]

다음 자음+모음(ㅑ)을 쓰는 순서에 맞게 따라 쓰세요.

(حروف بی‌صدا + حروف صدادار(ㅑ) زیر را با رعایت ترتیب صحیح نوشتن بنویسید.)

자음+모음(ㅑ)	이름	쓰는 순서	영어 표기	쓰기					
ㄱ+ㅑ	갸	갸	Gya	갸					
ㄴ+ㅑ	냐	냐	Nya	냐					
ㄷ+ㅑ	댜	댜	Dya	댜					
ㄹ+ㅑ	랴	랴	Rya	랴					
ㅁ+ㅑ	먀	먀	Mya	먀					
ㅂ+ㅑ	뱌	뱌	Bya	뱌					
ㅅ+ㅑ	샤	샤	Sya	샤					
ㅇ+ㅑ	야	야	Ya	야					
ㅈ+ㅑ	쟈	쟈	Jya	쟈					
ㅊ+ㅑ	챠	챠	Chya	챠					
ㅋ+ㅑ	캬	캬	Kya	캬					
ㅌ+ㅑ	탸	탸	Tya	탸					
ㅍ+ㅑ	퍄	퍄	Pya	퍄					
ㅎ+ㅑ	햐	햐	Hya	햐					

자음+모음(ㅕ)

[حروف بی‌صدا + حروف صدادار (ㅕ)]

월   일

자음+모음(ㅕ) 읽기 [خواندن حروف بی‌صدا + حروف صدادار (ㅕ)]

겨	녀	뎌	려	며
Gyeo	Nyeo	Dyeo	Ryeo	Myeo
벼	셔	여	져	쳐
Byeo	Syeo	Yeo	Jyeo	Chyeo
켜	텨	펴	혀	
Kya	Tyeo	Pyeo	Hyeo	

자음+모음(ㅕ) 쓰기 [نوشتن حروف بی‌صدا + حروف صدادار (ㅕ)]

겨	녀	뎌	려	며
Gyeo	Nyeo	Dyeo	Rya	Myeo
벼	셔	여	져	쳐
Byeo	Syeo	Yeo	Jyeo	Chyeo
켜	텨	펴	혀	
Kyeo	Tyeo	Pyeo	Hyeo	

07 자음+모음 (ㅕ)

[حروف بی‌صدا + حروف صدادار (ㅕ)]

월   일

자음+모음(ㅕ) 익히기 [یادگیری حروف بی‌صدا + حروف صدادار (ㅕ)]

다음 자음+모음(ㅕ)을 쓰는 순서에 맞게 따라 쓰세요.

(حروف بی‌صدا + حروف صدادار(ㅕ) زیر را با رعایت ترتیب صحیح نوشتن بنویسید.)

자음+모음(ㅕ)	이름	쓰는 순서	영어 표기	쓰기				
ㄱ+ㅕ	겨	겨	Gyeo	겨				
ㄴ+ㅕ	녀	녀	Nyeo	녀				
ㄷ+ㅕ	뎌	뎌	Dyeo	뎌				
ㄹ+ㅕ	려	려	Ryeo	려				
ㅁ+ㅕ	며	며	Myeo	며				
ㅂ+ㅕ	벼	벼	Byeo	벼				
ㅅ+ㅕ	셔	셔	Syeo	셔				
ㅇ+ㅕ	여	여	Yeo	여				
ㅈ+ㅕ	져	져	Jyeo	져				
ㅊ+ㅕ	쳐	쳐	Chyeo	쳐				
ㅋ+ㅕ	켜	켜	Kyeo	켜				
ㅌ+ㅕ	텨	텨	Tyeo	텨				
ㅍ+ㅕ	펴	펴	Pyeo	펴				
ㅎ+ㅕ	펴	혀	Hyeo	혀				

O8 자음+모음(ㅛ)

[حروف بی‌صدا + حروف صدادار (ㅛ)]

월   일

자음+모음(ㅛ) 읽기 [خواندن حروف بی‌صدا + حروف صدادار (ㅛ)]

교	뇨	됴	료	묘
Gyo	Nyo	Dyo	Ryo	Myo
뵤	쇼	요	죠	쵸
Byo	Syo	Yo	Jyo	Chyo
쿄	툐	표	효	
Kyo	Tyo	Pyo	Hyo	

자음+모음(ㅛ) 쓰기 [نوشتن حروف بی‌صدا + حروف صدادار (ㅛ)]

교	뇨	됴	료	묘
Gyo	Nyo	Dyo	Ryo	Myo
뵤	쇼	요	죠	쵸
Byo	Syo	Yo	Jyo	Chyo
쿄	툐	표	효	
Kyo	Tyo	Pyo	Hyo	

자음+모음(ㅛ)

[حروف بی‌صدا + حروف صدادار (ㅛ)]

월   일

자음+모음(ㅛ) 익히기 [یادگیری حروف بی‌صدا + حروف صدادار (ㅛ)]

다음 자음+모음(ㅛ)을 쓰는 순서에 맞게 따라 쓰세요.

(حروف بی‌صدا + حروف صدادار(ㅛ) زیر را با رعایت ترتیب صحیح نوشتن بنویسید.)

자음+모음(ㅛ)	이름	쓰는 순서	영어 표기	쓰기				
ㄱ+ㅛ	교		Gyo	교				
ㄴ+ㅛ	뇨		Nyo	뇨				
ㄷ+ㅛ	됴		Dyo	됴				
ㄹ+ㅛ	료		Ryo	료				
ㅁ+ㅛ	묘		Myo	묘				
ㅂ+ㅛ	뵤		Byo	뵤				
ㅅ+ㅛ	쇼		Syo	쇼				
ㅇ+ㅛ	요		Yo	요				
ㅈ+ㅛ	죠		Jyo	죠				
ㅊ+ㅛ	쵸		Chyo	쵸				
ㅋ+ㅛ	쿄		Kyo	쿄				
ㅌ+ㅛ	툐		Tyo	툐				
ㅍ+ㅛ	표		Pyo	표				
ㅎ+ㅛ	효		Hyo	효				

자음+모음 (ㅠ) 읽기   [خواندن حروف بی‌صدا + حروف صدادار (ㅠ)]

규	뉴	듀	류	뮤
Gyu	Nyu	Dyu	Ryu	Myu
뷰	슈	유	쥬	츄
Byu	Syu	Yu	Jyu	Chyu
큐	튜	퓨	휴	
Kyu	Tyu	Pyu	Hyu	

자음+모음 (ㅠ) 쓰기   [نوشتن حروف بی‌صدا + حروف صدادار (ㅠ)]

규	뉴	듀	류	뮤
Gyu	Nyu	Dyu	Ryu	Myu
뷰	슈	유	쥬	츄
Byu	Syu	Yu	Jyu	Chyu
큐	튜	퓨	휴	
Kyu	Tyu	Pyu	Hyu	

자음+모음(ㅠ)

[حروف بی‌صدا + حروف صدادار (ㅠ)]

월   일

자음+모음(ㅠ) 익히기

[یادگیری حروف بی‌صدا + حروف صدادار (ㅠ)]

다음 자음+모음(ㅠ)을 쓰는 순서에 맞게 따라 쓰세요.

(حروف بی‌صدا + حروف صدادار(ㅠ) زیر را با رعایت ترتیب صحیح نوشتن بنویسید.)

자음+모음(ㅠ)	이름	쓰는 순서	영어 표기	쓰기				
ㄱ+ㅠ	규		Gyu	규				
ㄴ+ㅠ	뉴		Nyu	뉴				
ㄷ+ㅠ	듀		Dyu	듀				
ㄹ+ㅠ	류		Ryu	류				
ㅁ+ㅠ	뮤		Myu	뮤				
ㅂ+ㅠ	뷰		Byu	뷰				
ㅅ+ㅠ	슈		Syu	슈				
ㅇ+ㅠ	유		Yu	유				
ㅈ+ㅠ	쥬		Jyu	쥬				
ㅊ+ㅠ	츄		Chyu	츄				
ㅋ+ㅠ	큐		Kyu	큐				
ㅌ+ㅠ	튜		Tyu	튜				
ㅍ+ㅠ	퓨		Pyu	퓨				
ㅎ+ㅠ	휴		Hyu	휴				

월   일

자음+모음(ㅣ) 읽기   [خواندن حروف بی‌صدا + حروف صدادار (ㅣ)]

기	니	디	리	미
Gi	Ni	Di	Ri	Mi
비	시	이	지	치
Bi	Si	I	Ji	Chi
키	티	피	히	
Ki	Ti	Pi	Hi	

자음+모음(ㅣ) 쓰기   [نوشتن حروف بی‌صدا + حروف صدادار (ㅣ)]

기	니	디	리	미
Gi	Ni	Di	Ri	Mi
비	시	이	지	치
Bi	Si	I	Ji	Chi
키	티	피	히	
Ki	Ti	Pi	Hi	

10 자음+모음(ㅣ)

[حروف بی‌صدا + حروف صدادار (ㅣ)]

월   일

자음+모음(ㅣ) 익히기   [یادگیری حروف بی‌صدا + حروف صدادار (ㅣ)]

다음 자음+모음(ㅣ)을 쓰는 순서에 맞게 따라 쓰세요.

(حروف بی‌صدا + حروف صدادار(ㅣ) زیر را با رعایت ترتیب صحیح نوشتن بنویسید.)

자음+모음(ㅣ)	이름	쓰는 순서	영어 표기	쓰기				
ㄱ+ㅣ	기	기	Gi	기				
ㄴ+ㅣ	니	니	Ni	니				
ㄷ+ㅣ	디	디	Di	디				
ㄹ+ㅣ	리	리	Ri	리				
ㅁ+ㅣ	미	미	Mi	미				
ㅂ+ㅣ	비	비	Bi	비				
ㅅ+ㅣ	시	시	Si	시				
ㅇ+ㅣ	이	이	I	이				
ㅈ+ㅣ	지	지	Ji	지				
ㅊ+ㅣ	치	치	Chi	치				
ㅋ+ㅣ	키	키	Ki	키				
ㅌ+ㅣ	티	티	Ti	티				
ㅍ+ㅣ	피	피	Pi	피				
ㅎ+ㅣ	히	히	Hi	히				

한글 자음과 모음 받침표

جدول حروف بی‌صدا، حروف صدا دار، و حروف نهایی هانگول

월   일

※ 참고 : 받침 'ㄱ~ㅎ'(49p~62P)에서 학습할 내용

mp3 / 받침	가	나	다	라	마	바	사	아	자	차	카	타	파	하
ㄱ	각	낙	닥	락	막	박	삭	악	작	착	칵	탁	팍	학
ㄴ	간	난	단	란	만	반	산	안	잔	찬	칸	탄	판	한
ㄷ	갇	낟	닫	랃	맏	받	삳	앋	잗	찯	칻	탇	팓	핟
ㄹ	갈	날	달	랄	말	발	살	알	잘	찰	칼	탈	팔	할
ㅁ	감	남	담	람	맘	밤	삼	암	잠	참	캄	탐	팜	함
ㅂ	갑	납	답	랍	맙	밥	삽	압	잡	찹	캅	탑	팝	합
ㅅ	갓	낫	닷	랏	맛	밧	삿	앗	잣	찻	캇	탓	팟	핫
ㅇ	강	낭	당	랑	망	방	상	앙	장	창	캉	탕	팡	항
ㅈ	갖	낮	닺	랒	맞	밪	샂	앚	잦	찾	캊	탖	팢	핮
ㅊ	갗	낯	닺	랓	맟	밫	샃	앛	잧	찿	캋	탗	팣	핯
ㅋ	갘	낰	닼	랔	맠	밬	샄	앜	잨	챀	캌	탘	팤	핰
ㅌ	같	낱	닽	랕	맡	밭	샅	앝	잩	챁	캍	탙	팥	핱
ㅍ	갚	높	닾	랖	맢	밮	샆	앞	잪	챂	캎	탚	팦	핲
ㅎ	갛	낳	닿	랗	맣	밯	샇	앟	잫	챃	캏	탛	팧	핳

자음과 겹모음

فصل 5: حروف بی‌صدا و صداهای مضاعف

국어국립원의 '우리말샘'에 등록되지 않은 글자. 또는 쓰임이 적은 글자를 아래와 같이 수록하니, 학습에 참고하시길 바랍니다.

페이지	'우리말샘'에 등록되지 않은 글자. 또는 쓰임이 적은 글자
42p	뎨(Dye) 볘(Bye) 졔(Jye) 쳬(Chye) 톄(Tye)
43p	돠(Dwa) 롸(Rwa) 뫄(Mwa) 톼(Twa) 퐈(Pwa)
44p	놰(Nwae) 뢔(Rwae) 뫠(Mwae) 쵀(Chwae) 퐤(Pwae)
46p	풔(Pwo)
48p	듸(Dui) 릐(Rui) 믜(Mui) 븨(Bui) 싀(Sui) 즤(Jui) 츼(Chui) 킈(Kui)
51p	랃(Rat) 앋(At) 챋(Chat) 칻(Kat) 탇(Tat) 팓(Pat)
57p	삿(Sat) 캇(Kat) 탓(Tat) 팟(Pat) 핫(Hat)
58p	랓(Rat) 맞(Mat) 밫(Bat) 샃(Sat) 앛(At) 쟛(Jat) 챷(Chat) 칯(Chat) 탗(Tat) 팣(Pat) 핯(Hat)
59p	각(Gak) 낙(Nak) 닥(Dak) 락(Rak) 막(Mak) 박(Bak) 삭(Sak) 작(Jak) 착(Chak) 칵(Kak) 팍(Pak) 학(Hak)
60p	닫(Dat) 랃(Rat) 잗(Jat) 챋(Chat) 칻(Kat) 탇(Tat) 핟(Hat)
61p	답(Dap) 맙(Map) 밥(Bap) 챱(Chap) 캅(Kap) 탑(Tap) 팝(Pap) 합(Hap)
62p	밧(Bat) 삿(Sat) 앗(At) 잣(Jat) 찻(Chat) 캇(Kat) 탓(Tat) 팟(Pat) 핫(Hat)

01 자음+겹모음(ㅐ)

[صداهای مضاعف + حروف بی‌صدا (ㅐ)]

월   일

자음+겹모음(ㅐ) [صداهای مضاعف + حروف بی‌صدا (ㅐ)]

다음 자음+겹모음(ㅐ)을 쓰는 순서에 맞게 따라 쓰세요.

(صداهای مضاعف + حروف بی‌صدا (ㅐ)زیر را با رعایت ترتیب صحیح نوشتن بنویسید.)

자음+겹모음(ㅐ)	영어 표기	쓰기					
ㄱ+ㅐ	Gae	개					
ㄴ+ㅐ	Nae	내					
ㄷ+ㅐ	Dae	대					
ㄹ+ㅐ	Rae	래					
ㅁ+ㅐ	Mae	매					
ㅂ+ㅐ	Bae	배					
ㅅ+ㅐ	Sae	새					
ㅇ+ㅐ	Ae	애					
ㅈ+ㅐ	Jae	재					
ㅊ+ㅐ	Chae	채					
ㅋ+ㅐ	Kae	캐					
ㅌ+ㅐ	Tae	태					
ㅍ+ㅐ	Pae	패					
ㅎ+ㅐ	Hae	해					

02 자음+겹모음(ㅔ)

[صداهای مضاعف + حروف بی‌صدا (ㅔ)]

월　일

자음+겹모음(ㅔ) [صداهای مضاعف + حروف بی‌صدا (ㅔ) (ㅔ)]

다음 자음+겹모음(ㅔ)을 쓰는 순서에 맞게 따라 쓰세요.

(صداهای مضاعف + حروف بی‌صدا (ㅔ)زیر را با رعایت ترتیب صحیح نوشتن بنویسید.)

자음+겹모음(ㅔ)	영어 표기	쓰기						
ㄱ+ㅔ	Ge	게						
ㄴ+ㅔ	Ne	네						
ㄷ+ㅔ	De	데						
ㄹ+ㅔ	Re	레						
ㅁ+ㅔ	Me	메						
ㅂ+ㅔ	Be	베						
ㅅ+ㅔ	Se	세						
ㅇ+ㅔ	E	에						
ㅈ+ㅔ	Je	제						
ㅊ+ㅔ	Che	체						
ㅋ+ㅔ	Ke	케						
ㅌ+ㅔ	Te	테						
ㅍ+ㅔ	Pe	페						
ㅎ+ㅔ	He	헤						

○3 자음+겹모음(ㅖ)

[صداهای مضاعف + حروف بی‌صدا (ㅖ)]

자음+겹모음(ㅖ) [صداهای مضاعف + حروف بی‌صدا (ㅖ)]

다음 자음+겹모음(ㅖ)을 쓰는 순서에 맞게 따라 쓰세요.

(صداهای مضاعف + حروف بی‌صدا (ㅖ)زیر را با رعایت ترتیب صحیح نوشتن بنویسید.)

자음+겹모음(ㅖ)	영어 표기	쓰기					
ㄱ+ㅖ	Gye	계					
ㄴ+ㅖ	Nye	녜					
ㄷ+ㅖ	Dye	뎨					
ㄹ+ㅖ	Rye	례					
ㅁ+ㅖ	Mye	몌					
ㅂ+ㅖ	Bye	볘					
ㅅ+ㅖ	Sye	셰					
ㅇ+ㅖ	Ye	예					
ㅈ+ㅖ	Jye	졔					
ㅊ+ㅖ	Chye	쳬					
ㅋ+ㅖ	Kye	켸					
ㅌ+ㅖ	Tye	톄					
ㅍ+ㅖ	Pye	폐					
ㅎ+ㅖ	Hye	혜					

04 자음+겹모음(ㅘ)

[صداهای مضاعف + حروف بی‌صدا (ㅘ)]

월   일

자음+겹모음(ㅘ) [صداهای مضاعف + حروف بی‌صدا (ㅘ)]

다음 자음+겹모음(ㅘ)을 쓰는 순서에 맞게 따라 쓰세요.

(صداهای مضاعف + حروف بی‌صدا (ㅘ)زیر را با رعایت ترتیب صحیح نوشتن بنویسید.)

자음+겹모음(ㅘ)	영어 표기	쓰기					
ㄱ+ㅘ	Gwa	과					
ㄴ+ㅘ	Nwa	놔					
ㄷ+ㅘ	Dwa	돠					
ㄹ+ㅘ	Rwa	롸					
ㅁ+ㅘ	Mwa	뫄					
ㅂ+ㅘ	Bwa	봐					
ㅅ+ㅘ	Swa	솨					
ㅇ+ㅘ	Wa	와					
ㅈ+ㅘ	Jwa	좌					
ㅊ+ㅘ	Chwa	촤					
ㅋ+ㅘ	Kwa	콰					
ㅌ+ㅘ	Twa	톼					
ㅍ+ㅘ	Pwa	퐈					
ㅎ+ㅘ	Hwa	화					

O5 자음+겹모음(ㅙ)

[صداهای مضاعف + حروف بی‌صدا (ㅙ)]

월   일

자음+겹모음(ㅙ) [صداهای مضاعف + حروف بی‌صدا (ㅙ)]

다음 자음+겹모음(ㅙ)을 쓰는 순서에 맞게 따라 쓰세요.

(صداهای مضاعف + حروف بی‌صدا (ㅙ)زیر را با رعایت ترتیب صحیح نوشتن بنویسید.)

자음+겹모음(ㅙ)	영어 표기	쓰기					
ㄱ+ㅙ	Gwae	괘					
ㄴ+ㅙ	Nwae	놰					
ㄷ+ㅙ	Dwae	돼					
ㄹ+ㅙ	Rwae	뢔					
ㅁ+ㅙ	Mwae	뫠					
ㅂ+ㅙ	Bwae	봬					
ㅅ+ㅙ	Swae	쇄					
ㅇ+ㅙ	Wae	왜					
ㅈ+ㅙ	Jwae	좨					
ㅊ+ㅙ	Chwae	쵀					
ㅋ+ㅙ	Kwae	쾌					
ㅌ+ㅙ	Twae	퇘					
ㅍ+ㅙ	Pwae	퐤					
ㅎ+ㅙ	Hwae	홰					

06 자음+겹모음(ㅚ)

[صداهای مضاعف + حروف بی‌صدا (ㅚ)]

자음+겹모음(ㅚ) [صداهای مضاعف + حروف بی‌صدا (ㅚ)]

다음 자음+겹모음(ㅚ)을 쓰는 순서에 맞게 따라 쓰세요.

(صداهای مضاعف + حروف بی‌صدا (ㅚ)زیر را با رعایت ترتیب صحیح نوشتن بنویسید.)

자음+겹모음(ㅚ)	영어 표기	쓰기					
ㄱ+ㅚ	Goe	괴					
ㄴ+ㅚ	Noe	뇌					
ㄷ+ㅚ	Doe	되					
ㄹ+ㅚ	Roe	뢰					
ㅁ+ㅚ	Moe	뫼					
ㅂ+ㅚ	Boe	뵈					
ㅅ+ㅚ	Soe	쇠					
ㅇ+ㅚ	Oe	외					
ㅈ+ㅚ	Joe	죄					
ㅊ+ㅚ	Choe	최					
ㅋ+ㅚ	Koe	쾨					
ㅌ+ㅚ	Toe	퇴					
ㅍ+ㅚ	Poe	푀					
ㅎ+ㅚ	Hoe	회					

자음+겹모음(ㅝ)

[صداهای مضاعف + حروف بی‌صدا (ㅝ)]

월   일

자음+겹모음(ㅝ) [صداهای مضاعف + حروف بی‌صدا (ㅝ)]

다음 자음+겹모음(ㅝ)을 쓰는 순서에 맞게 따라 쓰세요.

(صداهای مضاعف + حروف بی‌صدا (ㅝ)زیر را با رعایت ترتیب صحیح نوشتن بنویسید.)

자음+겹모음(ㅝ)	영어 표기	쓰기						
ㄱ+ㅝ	Gwo	궈						
ㄴ+ㅝ	Nwo	눠						
ㄷ+ㅝ	Dwo	둬						
ㄹ+ㅝ	Rwo	뤄						
ㅁ+ㅝ	Mwo	뭐						
ㅂ+ㅝ	Bwo	붜						
ㅅ+ㅝ	Swo	숴						
ㅇ+ㅝ	Wo	워						
ㅈ+ㅝ	Jwo	줘						
ㅊ+ㅝ	Chwo	춰						
ㅋ+ㅝ	Kwo	쿼						
ㅌ+ㅝ	Two	퉈						
ㅍ+ㅝ	Pwo	풔						
ㅎ+ㅝ	Hwo	훠						

자음+겹모음(ㅟ) [صداهای مضاعف + حروف بی‌صدا (ㅟ)]

다음 자음+겹모음(ㅟ)을 쓰는 순서에 맞게 따라 쓰세요.

(صداهای مضاعف + حروف بی‌صدا (ㅟ)زیر را با رعایت ترتیب صحیح نوشتن بنویسید.)

자음+겹모음(ㅟ)	영어 표기	쓰기						
ㄱ+ㅟ	Gwi	귀						
ㄴ+ㅟ	Nwi	뉘						
ㄷ+ㅟ	Dwi	뒤						
ㄹ+ㅟ	Rwi	뤼						
ㅁ+ㅟ	Mwi	뮈						
ㅂ+ㅟ	Bwi	뷔						
ㅅ+ㅟ	Swi	쉬						
ㅇ+ㅟ	Wi	위						
ㅈ+ㅟ	Jwi	쥐						
ㅊ+ㅟ	Chwi	취						
ㅋ+ㅟ	Kwi	퀴						
ㅌ+ㅟ	Twi	튀						
ㅍ+ㅟ	Pwi	퓌						
ㅎ+ㅟ	Hwi	휘						

09 자음+겹모음 (ㅟ)

월 일

자음+겹모음 (ㅟ) [(ㅟ)] [حروف بی‌صدا (ㅟ) + صداهای مضاعف]

다음 자음+겹모음(ㅟ)을 쓰는 순서에 맞게 따라 쓰세요.

(صداهای مضاعف + حروف بی‌صدا (ㅟ)زیر را با رعایت ترتیب صحیح نوشتن بنویسید.)

자음+겹모음(ㅟ)	영어 표기	쓰기					
ㄱ+ㅟ	Gwi	귀					
ㄴ+ㅟ	Nwi	뉘					
ㄷ+ㅟ	Dwi	뒤					
ㄹ+ㅟ	Rwi	뤼					
ㅁ+ㅟ	Mwi	뮈					
ㅂ+ㅟ	Bwi	뷔					
ㅅ+ㅟ	Swi	쉬					
ㅇ+ㅟ	Wi	위					
ㅈ+ㅟ	Jwi	쥐					
ㅊ+ㅟ	Chwi	취					
ㅋ+ㅟ	Kwi	퀴					
ㅌ+ㅟ	Twi	튀					
ㅍ+ㅟ	Pwi	퓌					
ㅎ+ㅟ	Hwi	휘					

받침 ㄱ(기역)이 있는 글자

[کاراکترهای دارای حرف نهایی (گیوک) 'ㄱ']

월   일

받침 ㄱ(기역) [حرف نهایی (گیوک) 'ㄱ']

다음 받침 ㄱ(기역)이 들어간 글자를 쓰는 순서에 맞게 따라 쓰세요.
(حرف نهایی (گیوک) 'ㄱ' زیر را با رعایت ترتیب صحیح نوشتن بنویسید.)

받침 ㄱ(기역)	영어 표기	쓰기					
가＋ㄱ	Gak	각					
나＋ㄱ	Nak	낙					
다＋ㄱ	Dak	닥					
라＋ㄱ	Rak	락					
마＋ㄱ	Mak	막					
바＋ㄱ	Bak	박					
사＋ㄱ	Sak	삭					
아＋ㄱ	Ak	악					
자＋ㄱ	Jak	작					
차＋ㄱ	Chak	착					
카＋ㄱ	Kak	칵					
타＋ㄱ	Tak	탁					
파＋ㄱ	Pak	팍					
하＋ㄱ	Hak	학					

11 받침 ㄴ(니은)이 있는 글자

월   일

받침 ㄴ(니은) [حرف نهایی (نیون) 'ㄴ']

다음 받침 ㄴ(니은)이 들어간 글자를 쓰는 순서에 맞게 따라 쓰세요.
(حرف نهایی (نیون) 'ㄴ' زیر را با رعایت ترتیب صحیح نوشتن بنویسید.)

받침 ㄴ(니은)	영어 표기	쓰기					
가+ㄴ	Gan	간					
나+ㄴ	Nan	난					
다+ㄴ	Dan	단					
라+ㄴ	Ran	란					
마+ㄴ	Man	만					
바+ㄴ	Ban	반					
사+ㄴ	San	산					
아+ㄴ	An	안					
자+ㄴ	Jan	잔					
차+ㄴ	Chan	찬					
카+ㄴ	Kan	칸					
타+ㄴ	Tan	탄					
파+ㄴ	Pan	판					
하+ㄴ	Han	한					

받침 ㄷ(디귿)이 있는 글자

[کاراکترهای دارای حرف نهایی (دیگِت) 'ㄷ']

월   일

::: 받침 ㄷ(디귿) [حرف نهایی (دیگِت) 'ㄷ']

다음 받침 ㄷ(디귿)이 들어간 글자를 쓰는 순서에 맞게 따라 쓰세요.
(حرف نهایی (دیگِت) 'ㄷ' زیر را با رعایت ترتیب صحیح نوشتن بنویسید.)

받침 ㄷ(디귿)	영어 표기	쓰기					
가+ㄷ	Gat	갇					
나+ㄷ	Nat	낟					
다+ㄷ	Dat	닫					
라+ㄷ	Rat	랃					
마+ㄷ	Mat	맏					
바+ㄷ	Bat	받					
사+ㄷ	Sat	삳					
아+ㄷ	At	앋					
자+ㄷ	Jat	잗					
차+ㄷ	Chat	찯					
카+ㄷ	Kat	칻					
타+ㄷ	Tat	탇					
파+ㄷ	Pat	팓					
하+ㄷ	Hat	핟					

받침 ㄹ(리을) [حرف نهایی (ریول) 'ㄹ']

다음 받침 ㄹ(리을)이 들어간 글자를 쓰는 순서에 맞게 따라 쓰세요.

(حرف نهایی (ریول) 'ㄹ' زیر را با رعایت ترتیب صحیح نوشتن بنویسید.)

받침 ㄹ(리을)	영어 표기	쓰기					
가+ㄹ	Gal	갈					
나+ㄹ	Nal	날					
다+ㄹ	Dal	달					
라+ㄹ	Ral	랄					
마+ㄹ	Mal	말					
바+ㄹ	Bal	발					
사+ㄹ	Sal	살					
아+ㄹ	Al	알					
자+ㄹ	Jal	잘					
차+ㄹ	Chal	찰					
카+ㄹ	Kal	칼					
타+ㄹ	Tal	탈					
파+ㄹ	Pal	팔					
하+ㄹ	Hal	할					

14. 받침 ㅁ(미음)이 있는 글자

[کاراکترهای دارای حرف نهایی (میم) 'ㅁ']

▤ 받침 ㅁ(미음) ['‘ㅁ’ (میم) حرف نهایی]

다음 받침 ㅁ(미음)이 들어간 글자를 쓰는 순서에 맞게 따라 쓰세요.
(حرف نهایی (میم) ‘ㅁ’ زیر را با رعایت ترتیب صحیح نوشتن بنویسید.)

받침 ㅁ(미음)	영어 표기	쓰기					
가+ㅁ	Gam	감					
나+ㅁ	Nam	남					
다+ㅁ	Dam	담					
라+ㅁ	Ram	람					
마+ㅁ	Mam	맘					
바+ㅁ	Bam	밤					
사+ㅁ	Sam	삼					
아+ㅁ	Am	암					
자+ㅁ	Jam	잠					
차+ㅁ	Cham	참					
카+ㅁ	Kam	캄					
타+ㅁ	Tam	탐					
파+ㅁ	Pam	팜					
하+ㅁ	Ham	함					

받침 ㅂ(비읍)이 있는 글자

[کاراکترهای دارای حرف نهایی (بیاپ) 'ㅂ']

월   일

받침 ㅂ(비읍) [حرف نهایی (بیاپ) 'ㅂ']

다음 받침 ㅂ(비읍)이 들어간 글자를 쓰는 순서에 맞게 따라 쓰세요.
(حرف نهایی (بیاپ) 'ㅂ' زیر را با رعایت ترتیب صحیح نوشتن بنویسید.)

받침 ㅂ(비읍)	영어 표기	쓰기					
가+ㅂ	Gap	갑					
나+ㅂ	Nap	납					
다+ㅂ	Dap	답					
라+ㅂ	Rap	랍					
마+ㅂ	Map	맙					
바+ㅂ	Bap	밥					
사+ㅂ	Sap	삽					
아+ㅂ	Ap	압					
자+ㅂ	Jap	잡					
차+ㅂ	Chap	찹					
카+ㅂ	Kap	캅					
타+ㅂ	Tap	탑					
파+ㅂ	Pap	팝					
하+ㅂ	Hap	합					

받침 ㅅ(시옷)이 있는 글자

[کاراکترهای دارای حرف نهایی (سیوت) 'ﺱ']

월　일

받침 ㅅ(시옷) [حرف نهایی (سیوت) 'ﺱ']

다음 받침 ㅅ(시옷)이 들어간 글자를 쓰는 순서에 맞게 따라 쓰세요.
(حرف نهایی (سیوت) 'ﺱ' زیر را با رعایت ترتیب صحیح نوشتن بنویسید.)

받침 ㅅ(시옷)	영어 표기	쓰기					
가+ㅅ	Gat	갓					
나+ㅅ	Nat	낫					
다+ㅅ	Dat	닷					
라+ㅅ	Rat	랏					
마+ㅅ	Mat	맛					
바+ㅅ	Bat	밧					
사+ㅅ	Sat	삿					
아+ㅅ	At	앗					
자+ㅅ	Jat	잣					
차+ㅅ	Chat	찻					
카+ㅅ	Kat	캇					
타+ㅅ	Tat	탓					
파+ㅅ	Pat	팟					
하+ㅅ	Hat	핫					

받침 ㅇ(이응)이 있는 글자

[کاراکترهای دارای حرف نهایی (ایونگ) 'ㅇ']

월   일

받침 ㅇ(이응) [حرف نهایی (ایونگ) 'ㅇ']

다음 받침 ㅇ(이응)이 들어간 글자를 쓰는 순서에 맞게 따라 쓰세요.

(حرف نهایی (ایونگ) 'ㅇ' زیر را با رعایت ترتیب صحیح نوشتن بنویسید.)

받침 ㅇ(이응)	영어 표기	쓰기				
가+ㅇ	Gang	강				
나+ㅇ	Nang	낭				
다+ㅇ	Dang	당				
라+ㅇ	Rang	랑				
마+ㅇ	Mang	망				
바+ㅇ	Bang	방				
사+ㅇ	Sang	상				
아+ㅇ	Ang	앙				
자+ㅇ	Jang	장				
차+ㅇ	Chang	창				
카+ㅇ	Kang	캉				
타+ㅇ	Tang	탕				
파+ㅇ	Pang	팡				
하+ㅇ	Hang	항				

받침 ㅈ(지읒)이 있는 글자

[کاراکترهای دارای حرف نهایی (جیوت) 'ㅈ']

월   일

받침 ㅈ(지읒) [حرف نهایی (جیوت) 'ㅈ']

다음 받침 ㅈ(지읒)이 들어간 글자를 쓰는 순서에 맞게 따라 쓰세요.
(حرف نهایی (جیوت) 'ㅈ' زیر را با رعایت ترتیب صحیح نوشتن بنویسید.)

받침 ㅈ(지읒)	영어 표기	쓰기					
가+ㅈ	Gat	갖					
나+ㅈ	Nat	낮					
다+ㅈ	Dat	닺					
라+ㅈ	Rat	랒					
마+ㅈ	Mat	맞					
바+ㅈ	Bat	밪					
사+ㅈ	Sat	샂					
아+ㅈ	At	앚					
자+ㅈ	Jat	잦					
차+ㅈ	Chat	찾					
카+ㅈ	Kat	캊					
타+ㅈ	Tat	탖					
파+ㅈ	Pat	팢					
하+ㅈ	Hat	핮					

받침 ㅊ(치읓)이 있는 글자

[کاراکترهای دارای حرف نهایی (چیوت) 'ㅊ']

월   일

받침 ㅊ(치읓) [حرف نهایی (چیوت) 'ㅊ']

다음 받침 ㅊ(치읓)이 들어간 글자를 쓰는 순서에 맞게 따라 쓰세요.
(حرف نهایی (چیوت) 'ㅊ' زیر را با رعایت ترتیب صحیح نوشتن بنویسید.)

받침 ㅊ(치읓)	영어 표기	쓰기					
가+ㅊ	Gat	갖					
나+ㅊ	Nat	낯					
다+ㅊ	Dat	닻					
라+ㅊ	Rat	랒					
마+ㅊ	Mat	맞					
바+ㅊ	Bat	밫					
사+ㅊ	Sat	샃					
아+ㅊ	At	앚					
자+ㅊ	Jat	잦					
차+ㅊ	Chat	찾					
카+ㅊ	Kat	캊					
타+ㅊ	Tat	탖					
파+ㅊ	Pat	팢					
하+ㅊ	Hat	핫					

받침 ㅋ(키읔)이 있는 글자

[کاراکترهای دارای حرف نهایی (کیوک) 'ㅋ']

월   일

받침 ㅋ(키읔) [حرف نهایی (کیوک) 'ㅋ']

다음 받침 ㅋ(키읔)이 들어간 글자를 쓰는 순서에 맞게 따라 쓰세요.
(حرف نهایی (کیوک) 'ㅋ' زیر را با رعایت ترتیب صحیح نوشتن بنویسید.)

받침 ㅋ(키읔)	영어 표기	쓰기					
가+ㅋ	Gak	각					
나+ㅋ	Nak	낙					
다+ㅋ	Dak	닥					
라+ㅋ	Rak	락					
마+ㅋ	Mak	막					
바+ㅋ	Bak	박					
사+ㅋ	Sak	삭					
아+ㅋ	Ak	악					
자+ㅋ	Jak	작					
차+ㅋ	Chak	착					
카+ㅋ	Kak	칵					
타+ㅋ	Tak	탁					
파+ㅋ	Pak	팍					
하+ㅋ	Hak	학					

받침 ㅌ(티읕)이 있는 글자

[کاراکترهای دارای حرف نهایی (تیوت) 'ㅌ']

받침 ㅌ(티읕) ['ㅌ' (تیوت) حرف نهایی]

다음 받침 ㅌ(티읕)이 들어간 글자를 쓰는 순서에 맞게 따라 쓰세요.
(حرف نهایی (تیوت) 'ㅌ' زیر را با رعایت ترتیب صحیح نوشتن بنویسید.)

받침 ㅌ(티읕)	영어 표기	쓰기					
가+ㅌ	Gat	갇					
나+ㅌ	Nat	낟					
다+ㅌ	Dat	닫					
라+ㅌ	Rat	랕					
마+ㅌ	Mat	맡					
바+ㅌ	Bat	밭					
사+ㅌ	Sat	샅					
아+ㅌ	At	앝					
자+ㅌ	Jat	잩					
차+ㅌ	Chat	챁					
카+ㅌ	Kat	캍					
타+ㅌ	Tat	탙					
파+ㅌ	Pat	팥					
하+ㅌ	Hat	핱					

받침 ㅍ(피읖)이 있는 글자

[کاراکترهای دارای حرف نهایی (پیوپ) 'ㅍ']

월 일

받침 ㅍ(피읖) ['ㅍ' (پیوپ) حرف نهایی]

다음 받침 ㅍ(피읖)이 들어간 글자를 쓰는 순서에 맞게 따라 쓰세요.

(حرف نهایی (پیوپ) 'ㅍ' زیر را با رعایت ترتیب صحیح نوشتن بنویسید.)

받침 ㅍ(피읖)	영어 표기	쓰기					
가+ㅍ	Gap	갚					
나+ㅍ	Nap	낲					
다+ㅍ	Dap	닾					
라+ㅍ	Rap	랲					
마+ㅍ	Map	맢					
바+ㅍ	Bap	밮					
사+ㅍ	Sap	샆					
아+ㅍ	Ap	앞					
자+ㅍ	Jap	잪					
차+ㅍ	Chap	챂					
카+ㅍ	Kap	캎					
타+ㅍ	Tap	탚					
파+ㅍ	Pap	팦					
하+ㅍ	Hap	핲					

받침 ㅎ(히읗)이 있는 글자

[کاراکترهای دارای حرف نهایی (هیوت) 'ㅎ']

월   일

받침 ㅎ(히읗) ['ㅎ' 받침 نهایی (هیوت)]

다음 받침 ㅎ(히읗)이 들어간 글자를 쓰는 순서에 맞게 따라 쓰세요.

(حرف نهایی (هیوت) 'ㅎ' زیر را با رعایت ترتیب صحیح نوشتن بنویسید.)

받침 ㅎ(히읗)	영어 표기	쓰기					
가+ㅎ	Gat	갛					
나+ㅎ	Nat	낳					
다+ㅎ	Dat	닿					
라+ㅎ	Rat	랗					
마+ㅎ	Mat	맣					
바+ㅎ	Bat	밯					
사+ㅎ	Sat	샇					
아+ㅎ	At	앟					
자+ㅎ	Jat	잫					
차+ㅎ	Chat	챃					
카+ㅎ	Kat	캏					
타+ㅎ	Tat	탛					
파+ㅎ	Pat	팧					
하+ㅎ	Hat	핳					

제6장

주제별 낱말

فصل6: کلمات بر اساس موضوع

과일 میوه‌ها

월 　 일

■ 다음을 쓰는 순서에 맞게 따라 쓰세요.
(برای نوشتن صحیح کلمات زیر، ترتیب صحیح نوشتن را دنبال کنید.)

사	과					
배						
바	나	나				
딸	기					
토	마	토				

사과 سیب

배 گلابی

바나나 موز

딸기 توت فرنگی

토마토 گوجه فرنگی

과일 میوه‌ها

■ 다음을 쓰는 순서에 맞게 따라 쓰세요.
（برای نوشتن صحیح کلمات زیر، ترتیب صحیح نوشتن را دنبال کنید.）

수 박					
복 숭 아					
오 렌 지					
귤					
키 위					

수박 هندوانه

복숭아 هلو

오렌지 پرتقال

귤 نارنگی

키위 کیوی

월   일

■ 다음을 쓰는 순서에 맞게 따라 쓰세요.
(برای نوشتن صحیح کلمات زیر، ترتیب صحیح نوشتن را دنبال کنید.)

참	외						

참외 خربزه

파	인	애	플				

파인애플 آناناس

레	몬						

레몬 لیمو ترش

감							

감 خرمالو

포	도						

포도 انگور

동물 حیوانات

월 일

■ 다음을 쓰는 순서에 맞게 따라 쓰세요.
(برای نوشتن صحیح کلمات زیر، ترتیب صحیح نوشتن را دنبال کنید.)

타	조				
호	랑	이			
사	슴				
고	양	이			
여	우				

타조 شترمرغ

호랑이 ببر

사슴 گوزن

고양이 گربه

여우 روباه

동물 حیوانات

월 일

■ 다음을 쓰는 순서에 맞게 따라 쓰세요.
（برای نوشتن صحیح کلمات زیر، ترتیب صحیح نوشتن را دنبال کنید.）

사자 شیر	사 자	
코끼리 فیل	코 끼 리	
돼지 خوک	돼 지	
강아지 توله سگ	강 아 지	
토끼 خرگوش	토 끼	

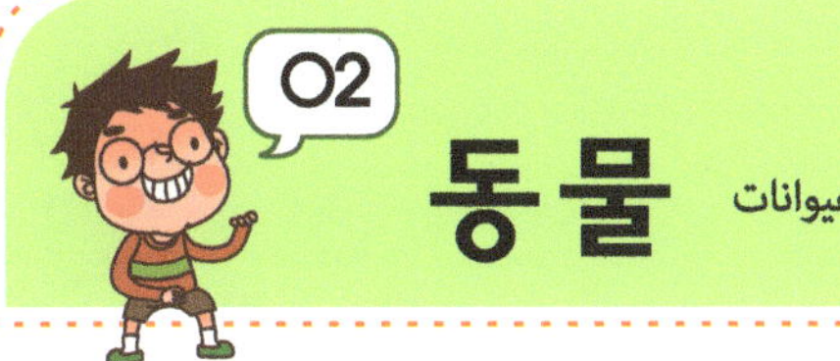

동물 حیوانات

■ 다음을 쓰는 순서에 맞게 따라 쓰세요.
　(برای نوشتن صحیح کلمات زیر، ترتیب صحیح نوشتن را دنبال کنید.)

기	린				
곰					
원	숭	이			
너	구	리			
거	북	이			

기린 زرافه

곰 خرس

원숭이 میمون

너구리 راکون

거북이 لاک‌پشت

채소

سبزیجات

월 일

■ 다음을 쓰는 순서에 맞게 따라 쓰세요.
(برای نوشتن صحیح کلمات زیر، ترتیب صحیح نوشتن را دنبال کنید.)

배추 تربچه

배	추				

당근 هویج

당	근				

마늘 سیر

마	늘				

시금치 اسفناج

시	금	치			

미나리 جعفری

미	나	리			

채소 سبزیجات

■ 다음을 쓰는 순서에 맞게 따라 쓰세요.
(برای نوشتن صحیح کلمات زیر، ترتیب صحیح نوشتن را دنبال کنید.)

무						
상 추						
양 파						
부 추						
감 자						

무 تربچه

상추 کاهو

양파 پیاز

부추 تره

감자 سیب‌زمینی

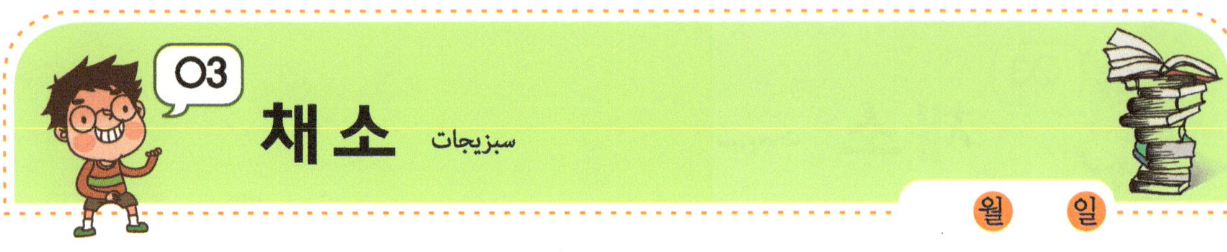

채소
سبزیجات

월 일

■ 다음을 쓰는 순서에 맞게 따라 쓰세요.
(برای نوشتن صحیح کلمات زیر، ترتیب صحیح نوشتن را دنبال کنید.)

오	이				
파					
가	지				
고	추				
양	배	추			

오이 خیار

파 تره‌پیاز

가지 بادمجان

고추 فلفل قرمز

양배추 کلم

직업 حرفه‌ها

월　일

■ 다음을 쓰는 순서에 맞게 따라 쓰세요.
(برای نوشتن صحیح کلمات زیر، ترتیب صحیح نوشتن را دنبال کنید.)

경찰관 پلیس	경	찰	관				
소방관 آتش‌نشان	소	방	관				
요리사 آشپز	요	리	사				
환경미화원 رفتگر	환	경	미	화	원		
화가 نقاش	화	가					

직업 حرفه‌ها

월 일

■ 다음을 쓰는 순서에 맞게 따라 쓰세요.
(برای نوشتن صحیح کلمات زیر، ترتیب صحیح نوشتن را دنبال کنید.)

간	호	사				
회	사	원				
미	용	사				
가	수					
소	설	가				

간호사 پرستار

회사원 کارمند دفتر

미용사 آرایشگر

가수 خواننده

소설가 رمان‌نویس

직업 حرفه‌ها

■ 다음을 쓰는 순서에 맞게 따라 쓰세요.
(برای نوشتن صحیح کلمات زیر، ترتیب صحیح نوشتن را دنبال کنید.)

의사 دکتر

의 사

선생님 معلم

선 생 님

주부 خانه‌دار

주 부

운동선수 ورزشکار

운 동 선 수

우편집배원 پستچی

우 편 집 배 원

■ 다음을 쓰는 순서에 맞게 따라 쓰세요.
(برای نوشتن صحیح کلمات زیر، ترتیب صحیح نوشتن را دنبال کنید.)

김	치	찌	개				

김치찌개 آش کیمچی

미	역	국					

미역국 سوپ جلبک

김	치	볶	음	밥			

김치볶음밥 برنج سرخ شده با کیمچی

돈	가	스					

돈가스 کتلت گوشت خوک

국	수						

국수 نودل

음식 غذاها

월 　 일

■ 다음을 쓰는 순서에 맞게 따라 쓰세요.
（برای نوشتن صحیح کلمات زیر، ترتیب صحیح نوشتن را دنبال کنید.）

된	장	찌	개		
불	고	기			
김	밥				
라	면				
떡					

된장찌개 آش سویا

불고기 بولگوگی

김밥 کیم‌باپ

라면 رامن

떡 کیک برنج

음식 غذاها

월 　 일

■ 다음을 쓰는 순서에 맞게 따라 쓰세요.
　(برای نوشتن صحیح کلمات زیر، ترتیب صحیح نوشتن را دنبال کنید.)

순	두	부	찌	개		

순두부찌개 **آش توفو نرم**

비	빔	밥				

비빔밥 **بی‌بی‌ام باب**

만	두					

만두 **دامپلینگ**

피	자					

피자 **پیتزا**

케	이	크				

케이크 **کیک**

위 치 مکان‌ها

■ 다음을 쓰는 순서에 맞게 따라 쓰세요.
(برای نوشتن صحیح کلمات زیر، ترتیب صحیح نوشتن را دنبال کنید.)

앞						
뒤						
위						
아 래						
오 른 쪽					

앞 جلو

뒤 پشت

위 بالا

아래 پایین

오른쪽 راست

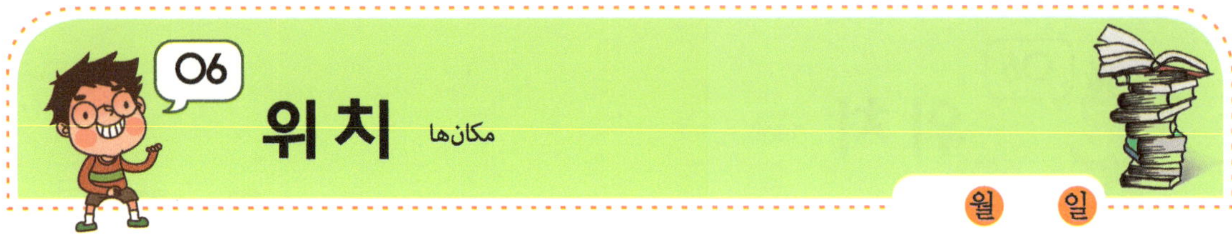

■ 다음을 쓰는 순서에 맞게 따라 쓰세요.
　(برای نوشتن صحیح کلمات زیر، ترتیب صحیح نوشتن را دنبال کنید.)

왼	쪽					

왼쪽 چپ

옆						

옆 کنار

안						

안 درون

밖						

밖 بیرون

밑						

밑 زیر

06 위 치 مکان‌ها

월 일

■ 다음을 쓰는 순서에 맞게 따라 쓰세요.
(برای نوشتن صحیح کلمات زیر، ترتیب صحیح نوشتن را دنبال کنید.)

사이 میان

동쪽 شرق

서쪽 غرب

남쪽 جنوب

북쪽 شمال

사	이					
동	쪽					
서	쪽					
남	쪽					
북	쪽					

탈 것 وسایل نقلیه

월 일

■ 다음을 쓰는 순서에 맞게 따라 쓰세요.
(برای نوشتن صحیح کلمات زیر، ترتیب صحیح نوشتن را دنبال کنید.)

버 스					
비 행 기					
배					
오 토 바 이					
소 방 차					

버스 اتوبوس

비행기 هواپیما

배 کشتی

오토바이 موتورسیکلت

소방차 ماشین‌آتش‌نشانی

탈것 وسایل نقلیه

■ 다음을 쓰는 순서에 맞게 따라 쓰세요.
  (برای نوشتن صحیح کلمات زیر، ترتیب صحیح نوشتن را دنبال کنید.)

자	동	차			
지	하	철			
기	차				
헬	리	콥	터		
포	클	레	인		

자동차 اتومبیل

지하철 مترو

기차 قطار

헬리콥터 بالگرد

포클레인 بیل‌مکانیکی

탈 것

وسایل نقلیه

월   일

■ 다음을 쓰는 순서에 맞게 따라 쓰세요.
  (برای نوشتن صحیح کلمات زیر، ترتیب صحیح نوشتن را دنبال کنید.)

택시 تاکسی

| 택 | 시 | | | | | |

자전거 دوچرخه

| 자 | 전 | 거 | | | | |

트럭 کامیون

| 트 | 럭 | | | | | |

구급차 آمبولانس

| 구 | 급 | 차 | | | | |

기구 بالون

| 기 | 구 | | | | | |

장소 مکان‌ها

월　일

■ 다음을 쓰는 순서에 맞게 따라 쓰세요.
(برای نوشتن صحیح کلمات زیر، ترتیب صحیح نوشتن را دنبال کنید.)

집 **خانه**	집
학교 **مدرسه**	학 교
백화점 **فروشگاه**	백 화 점
우체국 **اداره پست**	우 체 국
약국 **داروخانه**	약 국

장소 مکان‌ها

■ 다음을 쓰는 순서에 맞게 따라 쓰세요.
(برای نوشتن صحیح کلمات زیر، ترتیب صحیح نوشتن را دنبال کنید.)

시	장				

시장 بازار

식	당				

식당 رستوران

슈	퍼	마	켓		

슈퍼마켓 سوپرمارکت

서	점				

서점 کتابخانه

공	원				

공원 پارک

장소 مکان‌ها

월　일

■ 다음을 쓰는 순서에 맞게 따라 쓰세요.
(برای نوشتن صحیح کلمات زیر، ترتیب صحیح نوشتن را دنبال کنید.)

은행 بانک

은	행				

병원 بیمارستان

병	원				

문구점 فروشگاه لوازم التحریر

문	구	점			

미용실 آرایشگاه

미	용	실			

극장 تئاتر

극	장				

계절 , 날씨
هوا، فصول

월   일

■ 다음을 쓰는 순서에 맞게 따라 쓰세요.
  (برای نوشتن صحیح کلمات زیر، ترتیب صحیح نوشتن را دنبال کنید.)

봄					
여 름					
가 을					
겨 울					
맑 다					

봄 بهار

여름 تابستان

가을 پاییز

겨울 زمستان

맑다 آسمان صاف

계절, 날씨

هوا، فصول

월 　 일

■ 다음을 쓰는 순서에 맞게 따라 쓰세요.
(برای نوشتن صحیح کلمات زیر، ترتیب صحیح نوشتن را دنبال کنید.)

| 흐리다 |

흐리다 گرفته

| 바람이　분다 |

바람이 분다 بادی

| 비가　온다 |

비가 온다 بارانی

| 비가　그친다 |

비가 그친다 توقف باران

| 눈이　온다 |

눈이 온다 برفی

■ 다음을 쓰는 순서에 맞게 따라 쓰세요.
(برای نوشتن صحیح کلمات زیر، ترتیب صحیح نوشتن را دنبال کنید.)

구	름	이		낀	다	
덥	다					
춥	다					
따	뜻	하	다			
시	원	하	다			

구름이 낀다 ابری

덥다 خیلی گرم

춥다 سرد

따뜻하다 گرما

시원하다 خنک

10 집 안의 사물 اشیاء خانگی

월 일

■ 다음을 쓰는 순서에 맞게 따라 쓰세요.
(برای نوشتن صحیح کلمات زیر، ترتیب صحیح نوشتن را دنبال کنید.)

소파 سوفا

소	파				

욕조 وان حمام

욕	조				

거울 آینه

거	울				

샤워기 سر دوش

샤	워	기			

변기 کاسه توالت

변	기				

집 안의 사물 اشیاء خانگی

월 일

■ 다음을 쓰는 순서에 맞게 따라 쓰세요.
(برای نوشتن صحیح کلمات زیر، ترتیب صحیح نوشتن را دنبال کنید.)

싱	크	대					
부	엌						
거	실						
안	방						
옷	장						

싱크대 سینک آشپزخانه

부엌 آشپزخانه

거실 اتاق نشیمن

안방 اتاق خواب اصلی

옷장 کمد

월 일

■ 다음을 쓰는 순서에 맞게 따라 쓰세요.
(برای نوشتن صحیح کلمات زیر، ترتیب صحیح نوشتن را دنبال کنید.)

화	장	대					
식	탁						
책	장						
작	은	방					
침	대						

화장대 میز توالت

식탁 میز ناهارخوری

책장 قفسه کتابخانه

작은방 اتاق کوچک

침대 تخت

가족 명칭

اصطلاحات خانوادگی

월   일

■ 다음을 쓰는 순서에 맞게 따라 쓰세요.
(برای نوشتن صحیح کلمات زیر، ترتیب صحیح نوشتن را دنبال کنید.)

할머니 **مادر بزرگ**	할 머 니
할아버지 **پدر بزرگ**	할 아 버 지
아버지 **پدر**	아 버 지
어머니 **مادر**	어 머 니
오빠 **برادر بزرگتر**	오 빠

가족 명칭

اصطلاحات خانوادگی

월   일

■ 다음을 쓰는 순서에 맞게 따라 쓰세요.
(برای نوشتن صحیح کلمات زیر، ترتیب صحیح نوشتن را دنبال کنید.)

형					
나					
남	동	생			
여	동	생			
언	니				

형 برادر بزرگ

나 من

남동생 برادر کوچکتر

여동생 خواهر کوچکتر

언니 خواهر بزرگتر

가족 명칭

اصطلاحات خانوادگی

월   일

■ 다음을 쓰는 순서에 맞게 따라 쓰세요.

(برای نوشتن صحیح کلمات زیر، ترتیب صحیح نوشتن را دنبال کنید.)

누	나				

누나 خواهر بزرگتر

삼	촌				

삼촌 عمو

고	모				

고모 عمه

이	모				

이모 خاله

이	모	부			

이모부 شوهرخاله

학용품 لوازم مدرسه

월   일

■ 다음을 쓰는 순서에 맞게 따라 쓰세요.
(برای نوشتن صحیح کلمات زیر، ترتیب صحیح نوشتن را دنبال کنید.)

공책 دفتر

스케치북 دفتر نقاشی

색연필 مداد رنگی

가위 قیچی

풀 چسب

공	책			
스	케	치	북	
색	연	필		
가	위			
풀				

학용품 لوازم مدرسه

월 일

■ 다음을 쓰는 순서에 맞게 따라 쓰세요.
(برای نوشتن صحیح کلمات زیر، ترتیب صحیح نوشتن را دنبال کنید.)

일	기	장				

일기장 دفتر خاطرات

연	필					

연필 مداد

칼						

칼 تیغ

물	감					

물감 رنگ

자						

자 خط‌کش

학용품 لوازم مدرسه

월 일

■ 다음을 쓰는 순서에 맞게 따라 쓰세요.
(برای نوشتن صحیح کلمات زیر، ترتیب صحیح نوشتن را دنبال کنید.)

색	종	이			

색종이 كاغذ رنگی

사	인	펜			

사인펜 ماژیک

크	레	파	스		

크레파스 مداد رنگی

붓					

붓 مو

지	우	개			

지우개 پاک‌کن

■ 다음을 쓰는 순서에 맞게 따라 쓰세요.
(برای نوشتن صحیح کلمات زیر، ترتیب صحیح نوشتن را دنبال کنید.)

장	미				
진	달	래			
민	들	레			
나	팔	꽃			
맨	드	라	미		

장미 گل رز

진달래 آزالیا کرهای

민들레 گل قاصدک

나팔꽃 نیلوفر پیچ

맨드라미 تاج خروس

꽃 گل‌ها

월 일

■ 다음을 쓰는 순서에 맞게 따라 쓰세요.
(برای نوشتن صحیح کلمات زیر، ترتیب صحیح نوشتن را دنبال کنید.)

개	나	리				
벚	꽃					
채	송	화				
국	화					
무	궁	화				

개나리 یاس زرد

벚꽃 شکوفه گیلاس

채송화 گل ناز

국화 گل داوودی

무궁화 ختمی چینی

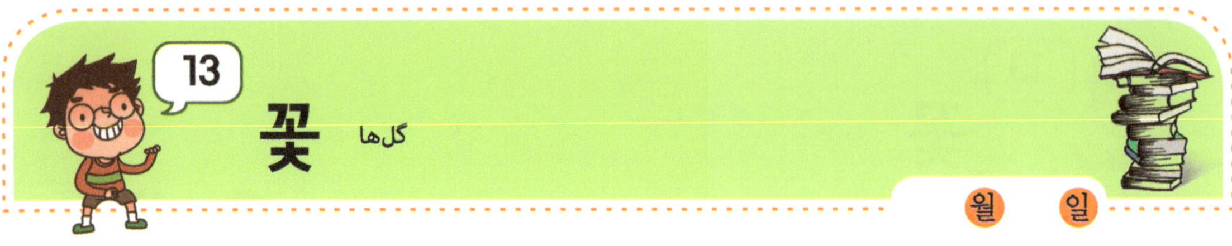

꽃 گل‌ها

월 일

■ 다음을 쓰는 순서에 맞게 따라 쓰세요.
(برای نوشتن صحیح کلمات زیر، ترتیب صحیح نوشتن را دنبال کنید.)

튤	립				
봉	숭	아			
해	바	라	기		
카	네	이	션		
코	스	모	스		

튤립 گل لاله

봉숭아 حنا

해바라기 آفتاب‌گردان

카네이션 میخک

코스모스 ستاره

14 나라이름

نام‌های کشورها

월 일

■ 다음을 쓰는 순서에 맞게 따라 쓰세요.
(برای نوشتن صحیح کلمات زیر، ترتیب صحیح نوشتن را دنبال کنید.)

한국

한국 كره

필리핀

필리핀 فیلیپین

일본

일본 ژاپن

캄보디아

캄보디아 کامبوج

아프가니스탄

아프가니스탄 افغانستان

나라이름

나ام‌های کشورها

■ 다음을 쓰는 순서에 맞게 따라 쓰세요.
(برای نوشتن صحیح کلمات زیر، ترتیب صحیح نوشتن را دنبال کنید.)

중	국				
태	국				
베	트	남			
인	도				
영	국				

중국 چین

태국 تایلند

베트남 ویتنام

인도 هند

영국 انگلستان

나라이름

نام‌های کشورها

월   일

■ 다음을 쓰는 순서에 맞게 따라 쓰세요.
(برای نوشتن صحیح کلمات زیر، ترتیب صحیح نوشتن را دنبال کنید.)

미국					
몽골					
우즈베키스탄					
러시아					
캐나다					

미국 ایالات متحده

몽골 مغولستان

우즈베키스탄 ازبکستان

러시아 روسیه

캐나다 کانادا

악기

سازهای موسیقی

월　일

■ 다음을 쓰는 순서에 맞게 따라 쓰세요.
　(برای نوشتن صحیح کلمات زیر، ترتیب صحیح نوشتن را دنبال کنید.)

기	타				

기타　گیتار

북					

북　طبل

트	라	이	앵	글	

트라이앵글　مثلث

하	모	니	카		

하모니카　هارمونیکا

징					

징　جینگ

악기
سازهای موسیقی

월 일

■ 다음을 쓰는 순서에 맞게 따라 쓰세요.
(برای نوشتن صحیح کلمات زیر، ترتیب صحیح نوشتن را دنبال کنید.)

피아노 پیانو

피	아	노		

탬버린 دایره زنگی

탬	버	린		

나팔 شیپور

나	팔			

장구 جانگو

장	구			

소고 درام دستی

소	고			

■ 다음을 쓰는 순서에 맞게 따라 쓰세요.
(برای نوشتن صحیح کلمات زیر، ترتیب صحیح نوشتن را دنبال کنید.)

피	리				

피리 فلوت

실	로	폰			

실로폰 زیلوفن

바	이	올	린		

바이올린 ویولن

꽹	과	리			

꽹과리 گونگ کوچک

가	야	금			

가야금 تار کره‌ای

■ 다음을 쓰는 순서에 맞게 따라 쓰세요.
(برای نوشتن صحیح کلمات زیر، ترتیب صحیح نوشتن را دنبال کنید.)

티	셔	츠				
바	지					
점	퍼					
정	장					
와	이	셔	츠			

티셔츠 تی‌شرت

바지 شلوار

점퍼 کاپشن

정장 لباس دوتکه

와이셔츠 پیراهن

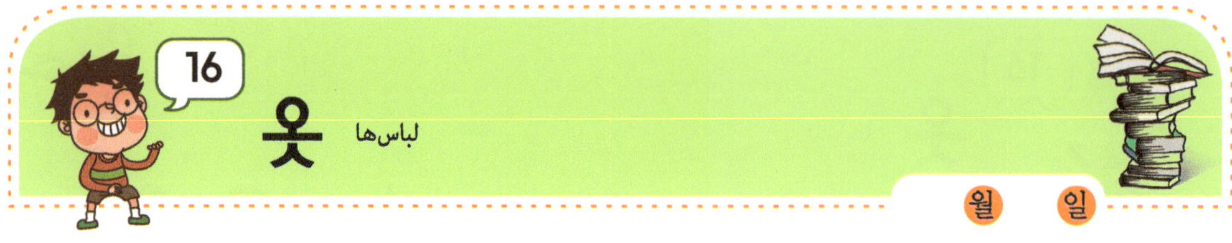

■ 다음을 쓰는 순서에 맞게 따라 쓰세요.
(برای نوشتن صحیح کلمات زیر، ترتیب صحیح نوشتن را دنبال کنید.)

반	바	지				

반바지 شلوارک

코	트					

코트 کت

교	복					

교복 لباس مدرسه

블	라	우	스			

블라우스 پیراهن زنانه

청	바	지				

청바지 جینز

■ 다음을 쓰는 순서에 맞게 따라 쓰세요.
(برای نوشتن صحیح کلمات زیر، ترتیب صحیح نوشتن را دنبال کنید.)

양 복			
작 업 복			
스 웨 터			
치 마			
한 복			

양복 کت و شلوار

작업복 لباس کار

스웨터 پیراهن پشمی

치마 دامن

한복 لباس محلی کره‌ای

색깔 رنگ‌ها

월   일

■ 다음을 쓰는 순서에 맞게 따라 쓰세요.
(برای نوشتن صحیح کلمات زیر، ترتیب صحیح نوشتن را دنبال کنید.)

빨	간	색				
주	황	색				
초	록	색				
노	란	색				
파	란	색				

빨간색 قرمز

주황색 نارنجی

초록색 سبز

노란색 زرد

파란색 آبی

색깔 رنگ‌ها

월　일

■ 다음을 쓰는 순서에 맞게 따라 쓰세요.
(برای نوشتن صحیح کلمات زیر، ترتیب صحیح نوشتن را دنبال کنید.)

보라색 بنفش | 보 라 색

분홍색 صورتی | 분 홍 색

하늘색 آبی آسمانی | 하 늘 색

갈색 قهوه‌ای | 갈 색

검은색 سیاه | 검 은 색

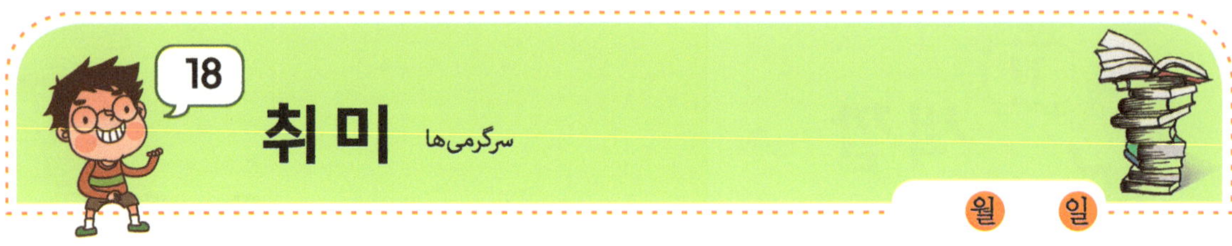

취미
سرگرمی‌ها

월 일

■ 다음을 쓰는 순서에 맞게 따라 쓰세요.
　(برای نوشتن صحیح کلمات زیر، ترتیب صحیح نوشتن را دنبال کنید.)

요	리				
노	래				
등	산				
영	화	감	상		
낚	시				

요리 آشپزی

노래 آواز خواندن

등산 کوه‌نوردی

영화감상 تماشای فیلم

낚시 ماهی‌گیری

취미 سرگرمی‌ها

■ 다음을 쓰는 순서에 맞게 따라 쓰세요.
(برای نوشتن صحیح کلمات زیر، ترتیب صحیح نوشتن را دنبال کنید.)

월 일

음악감상
گوش دادن به موسیقی

| 음 | 악 | 감 | 상 | | |

게임
بازی کردن

| 게 | 임 | | | | |

드라이브 رانندگی

| 드 | 라 | 이 | 브 | | |

여행 سفر

| 여 | 행 | | | | |

독서 خواندن

| 독 | 서 | | | | |

취미 سرگرمی‌ها

월   일

■ 다음을 쓰는 순서에 맞게 따라 쓰세요.
(برای نوشتن صحیح کلمات زیر، ترتیب صحیح نوشتن را دنبال کنید.)

쇼	핑					
운	동					
수	영					
사	진	촬	영			
악	기	연	주			

쇼핑 خرید

운동 ورزش کردن

수영 شنا

사진촬영 عکاسی

악기연주
نواختن سازهای موسیقی

운동 ورزش‌ها

월   일

■ 다음을 쓰는 순서에 맞게 따라 쓰세요.
(برای نوشتن صحیح کلمات زیر، ترتیب صحیح نوشتن را دنبال کنید.)

야 구	

야구 بیسبال

배 구	

배구 والیبال

축 구	

축구 فوتبال

탁 구	

탁구 پینگ‌پنگ

농 구	

농구 بسکتبال

운동

ورزش‌ها

월   일

■ 다음을 쓰는 순서에 맞게 따라 쓰세요.
(برای نوشتن صحیح کلمات زیر، ترتیب صحیح نوشتن را دنبال کنید.)

골	프					
스	키					
수	영					
권	투					
씨	름					

골프 گلف

스키 اسکی

수영 شنا

권투 مشت‌زنی

씨름 شیروم (کشتی کُره‌ای)

운동 ورزش‌ها

월 일

■ 다음을 쓰는 순서에 맞게 따라 쓰세요.
(برای نوشتن صحیح کلمات زیر، ترتیب صحیح نوشتن را دنبال کنید.)

테	니	스			

테니스 تنیس

레	슬	링			

레슬링 کشتی

태	권	도			

태권도 تکواندو

배	드	민	턴		

배드민턴 بدمینتون

스	케	이	트		

스케이트 اسکیت روی یخ

움직임 말(1) كلمات عمل (1)

월   일

■ 다음을 쓰는 순서에 맞게 따라 쓰세요.
(برای نوشتن صحیح کلمات زیر، ترتیب صحیح نوشتن را دنبال کنید.)

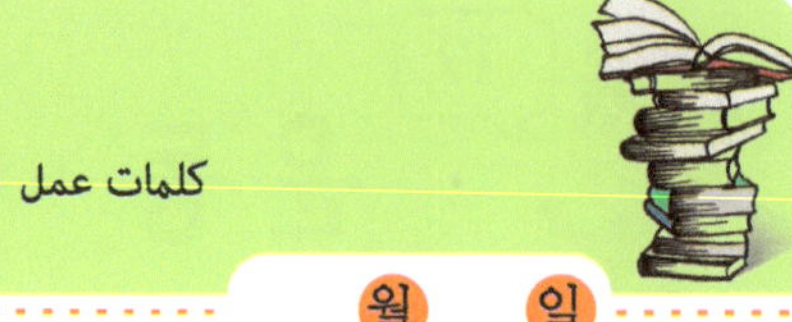

가	다				

가다 رفتن

오	다				

오다 آمدن

먹	다				

먹다 خوردن

사	다				

사다 خریدن

읽	다				

읽다 خواندن

움직임 말(1)

كلمات عمل (1)

월　일

■ 다음을 쓰는 순서에 맞게 따라 쓰세요.
(برای نوشتن صحیح کلمات زیر، ترتیب صحیح نوشتن را دنبال کنید.)

씻다				
자다				
보다				
일하다				
만나다				

씻다 شستن

자다 خوابیدن

보다 دیدن

일하다 کار کردن

만나다 ملاقات کردن

움직임 말(1)

کلمات عمل (1)

월 일

■ 다음을 쓰는 순서에 맞게 따라 쓰세요.
(برای نوشتن صحیح کلمات زیر، ترتیب صحیح نوشتن را دنبال کنید.)

마	시	다				

마시다 نوشیدن

빨	래	하	다			

빨래하다 لباس شستن

청	소	하	다			

청소하다 تمیز کردن

요	리	하	다			

요리하다 آشپزی کردن

공	부	하	다			

공부하다 مطالعه کردن

움직임 말(2) کلمات عمل (2)

월　일

■ 다음을 쓰는 순서에 맞게 따라 쓰세요.

(برای نوشتن صحیح کلمات زیر، ترتیب صحیح نوشتن را دنبال کنید.)

공	을		차	다	
이	를		닦	다	
목	욕	을		하	다
세	수	를		하	다
등	산	을		하	다

공을 차다 پرتاب توپ

이를 닦다 مسواک زدن

목욕을 하다 حمام کردن

세수를 하다 شستن صورت

등산을 하다 کوهنوردی کردن

월 일

■ 다음을 쓰는 순서에 맞게 따라 쓰세요.
(برای نوشتن صحیح کلمات زیر، ترتیب صحیح نوشتن را دنبال کنید.)

머	리	를		감	다		

머리를 감다 شستن مو

영	화	를		보	다		

영화를 보다 تماشای فیلم

공	원	에		가	다		

공원에 가다 رفتن به پارک

여	행	을		하	다		

여행을 하다 سفر کردن

산	책	을		하	다		

산책을 하다 پیاده‌روی کردن

움직임 말(2) كلمات عمل (2)

월 일

■ 다음을 쓰는 순서에 맞게 따라 쓰세요.
(برای نوشتن صحیح کلمات زیر، ترتیب صحیح نوشتن را دنبال کنید.)

수	영	을		하	다

수영을 하다 شنا

쇼	핑	을		하	다

쇼핑을 하다 خرید

사	진	을		찍	다

사진을 찍다 عکس گرفتن

샤	워	를		하	다

샤워를 하다 حمام کردن

이	야	기	를	하	다

이야기를 하다
صحبت کردن

■ 다음을 쓰는 순서에 맞게 따라 쓰세요.
(برای نوشتن صحیح کلمات زیر، ترتیب صحیح نوشتن را دنبال کنید.)

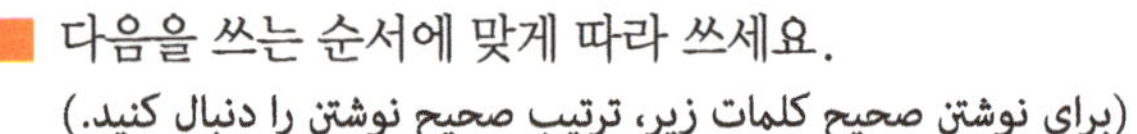

놀	다					
자	다					
쉬	다					
쓰	다					
듣	다					

놀다 بازی کردن

자다 خوابیدن

쉬다 استراحت کردن

쓰다 نوشتن

듣다 گوش دادن

움직임 말(3) كلمات عمل (3)

■ 다음을 쓰는 순서에 맞게 따라 쓰세요.
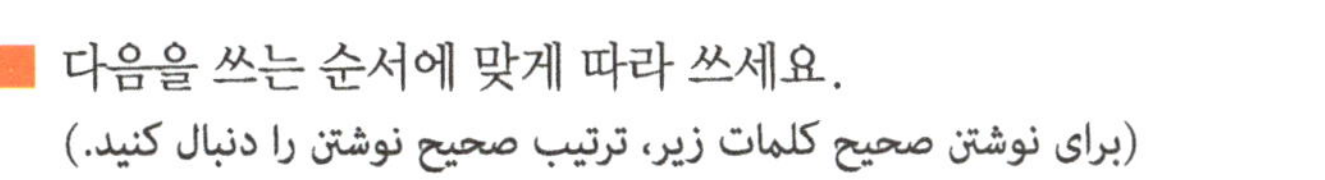
(برای نوشتن صحیح کلمات زیر، ترتیب صحیح نوشتن را دنبال کنید.)

닫 다					

닫다 بستن

켜 다					

켜다 روشن کردن

서 다					

서다 ایستادن

앉 다					

앉다 نشستن

끄 다					

끄다 خاموش کردن

■ 다음을 쓰는 순서에 맞게 따라 쓰세요.
(برای نوشتن صحیح کلمات زیر، ترتیب صحیح نوشتن را دنبال کنید.)

열다 باز کردن	열 다
나오다 بیرون آمدن	나 오 다
배우다 یادگیری	배 우 다
들어가다 وارد شدن	들 어 가 다
가르치다 تدریس کردن	가 르 치 다

■ 다음을 쓰는 순서에 맞게 따라 쓰세요.
(برای نوشتن صحیح کلمات زیر، ترتیب صحیح نوشتن را دنبال کنید.)

부르다 زنگ زدن

부	르	다			

달리다 دویدن

달	리	다			

기다 دعا کردن

기	다				

날다 پرواز کردن

날	다				

긁다 خاراندن

긁	다				

■ 다음을 쓰는 순서에 맞게 따라 쓰세요.
(برای نوشتن صحیح کلمات زیر، ترتیب صحیح نوشتن را دنبال کنید.)

찍 다					
벌 리 다					
키 우 다					
갈 다					
닦 다					

찍다 عکس گرفتن

벌리다 از هم باز کردن

키우다 بلند کردن

갈다 آسیاب کردن

닦다 دستمال کشیدن

세는 말(단위)

كلمات شماره‌گذاری (واحدها)

월　일

■ 다음을 쓰는 순서에 맞게 따라 쓰세요.
(برای نوشتن صحیح کلمات زیر، ترتیب صحیح نوشتن را دنبال کنید.)

개				

개 واحد

대				

대 واحد (برای ماشین‌ها)

척				

척 خط‌کش (برای طول)

송이				

송이 دسته

그루				

그루 درخت

세는 말(단위)

كلمات شماره‌گذاری (واحدها)

월 일

■ 다음을 쓰는 순서에 맞게 따라 쓰세요.
(برای نوشتن صحیح کلمات زیر، ترتیب صحیح نوشتن را دنبال کنید.)

상	자					
봉	지					
장						
병						
자	루					

상자 جعبه

봉지 كيسه

장 ورقه

병 بطری

자루 كيسه

세는 말(단위)

كلمات شماره‌گذاری (واحدها)

월   일

■ 다음을 쓰는 순서에 맞게 따라 쓰세요.
(برای نوشتن صحیح کلمات زیر، ترتیب صحیح نوشتن را دنبال کنید.)

벌
벌 مجموعه (لباس‌ها)

켤레
켤레 جفت

권
권 جلد (کتاب‌ها)

마리
마리 حیوان

잔
잔 فنجان/لیوان

세는 말(단위)

كلمات شماره‌گذاری (واحدها)

월   일

■ 다음을 쓰는 순서에 맞게 따라 쓰세요.
(برای نوشتن صحیح کلمات زیر، ترتیب صحیح نوشتن را دنبال کنید.)

채						
명						
통						
가 마						
첩						

채 مجموعه (ساختمان‌ها)

명 مردم

통 پیام‌ها

가마 بار

첩 نسخه‌ها

꾸미는 말(1) کلمات توصیفی (1)

월　일

■ 다음을 쓰는 순서에 맞게 따라 쓰세요.

(برای نوشتن صحیح کلمات زیر، ترتیب صحیح نوشتن را دنبال کنید.)

많다 زیاد
많　다

적다 کم
적　다

크다 بزرگ
크　다

작다 کوچک
작　다

비싸다 گران
비　싸　다

꾸미는 말(1)

월   일

■ 다음을 쓰는 순서에 맞게 따라 쓰세요.
(برای نوشتن صحیح کلمات زیر، ترتیب صحیح نوشتن را دنبال کنید.)

싸 다	
길 다	
짧 다	
빠 르 다	
느 리 다	

싸다 ارزان

길다 بلند

짧다 کوتاه

빠르다 سریع

느리다 کند

꾸미는 말(1) كلمات توصيفى (1)

월   일

■ 다음을 쓰는 순서에 맞게 따라 쓰세요.
(برای نوشتن صحیح کلمات زیر، ترتیب صحیح نوشتن را دنبال کنید.)

굵다					

굵다 ضخیم

가늘다					

가늘다 نازک

밝다					

밝다 روشن

어둡다					

어둡다 تاریک

좋다					

좋다 خوب

■ 다음을 쓰는 순서에 맞게 따라 쓰세요.
(برای نوشتن صحیح کلمات زیر، ترتیب صحیح نوشتن را دنبال کنید.)

맵 다					
시 다					
가 볍 다					
좁 다					
따 뜻 하 다					

맵다 تند

시다 ترش

가볍다 سبک

좁다 باریک

따뜻하다 گرم

꾸미는 말(2)

كلمات توصيفى (2)

월 일

■ 다음을 쓰는 순서에 맞게 따라 쓰세요.
(برای نوشتن صحیح کلمات زیر، ترتیب صحیح نوشتن را دنبال کنید.)

짜	다				
쓰	다				
무	겹	다			
깊	다				
차	갑	다			

짜다 شور

쓰다 تلخ

무겁다 سنگین

깊다 عمیق

차갑다 سرد

꾸미는 말 (2)

كلمات توصيفى (2)

월 일

■ 다음을 쓰는 순서에 맞게 따라 쓰세요.
(برای نوشتن صحیح کلمات زیر، ترتیب صحیح نوشتن را دنبال کنید.)

달	다					

달다 شيرين

싱	겁	다				

싱겁다 بى‌طعم

넓	다					

넓다 پهن

얕	다					

얕다 كم‌عمق

귀	엽	다				

귀엽다 زيبا

기분을 나타내는 말

کلماتی که احساسات را بیان می‌کنند

월 일

■ 다음을 쓰는 순서에 맞게 따라 쓰세요.
(برای نوشتن صحیح کلمات زیر، ترتیب صحیح نوشتن را دنبال کنید.)

기쁘다 خوشحال

기	쁘	다			

슬프다 غمگین

슬	프	다			

화나다 عصبانی

화	나	다			

놀라다 متعجب

놀	라	다			

곤란하다 مشکل‌دار

곤	란	하	다		

■ 다음을 쓰는 순서에 맞게 따라 쓰세요.
  (برای نوشتن صحيح كلمات زير، ترتيب صحيح نوشتن را دنبال كنيد.)

궁	금	하	다			
지	루	하	다			
부	끄	럽	다			
피	곤	하	다			
신	나	다				

궁금하다 كنجكاو

지루하다 بی‌حوصله

부끄럽다 خجالتی

피곤하다 خسته

신나다 هيجان زده

높임말 افتخارات

월   일

■ 다음을 쓰는 순서에 맞게 따라 쓰세요.
(برای نوشتن صحیح کلمات زیر، ترتیب صحیح نوشتن را دنبال کنید.)

집 خانه → 댁 خانه

집				
댁				

밥 غذا → 진지 غذا

밥				
진	지			

병 بیماری → 병환 بیماری

병				
병	환			

말 سخن → 말씀 کلمات

말				
말	씀			

나이 سن → 연세 سن

나	이			
연	세			

높임말 افتخارات

■ 다음을 쓰는 순서에 맞게 따라 쓰세요.
(برای نوشتن صحیح کلمات زیر، ترتیب صحیح نوشتن را دنبال کنید.)

생일 تولد → 생신 تولد

생	일				
생	신				

있다 بودن → 계시다 بودن

있	다				
계	시	다			

먹다 خوردن → 드시다 خوردن

먹	다				
드	시	다			

자다 خوابیدن → 주무시다 خوابیدن

자	다				
주	무	시	다		

주다 دادن → 드리다 دادن

주	다				
드	리	다			

소리가 같은 말(1)

كلمات با همان صدا (1)

■ 다음을 쓰는 순서에 맞게 따라 쓰세요.
(برای نوشتن صحیح کلمات زیر، ترتیب صحیح نوشتن را دنبال کنید.)

눈				
발				
밤				
차				
비				

눈 چشم (단음)　눈 برف (장음)

발 پا (단음)　발 پرده (장음)

밤 شب (단음)　밤 بلوط (장음)

차 ماشین (단음)　차 چای (단음)

비 باران (단음)　비 جارو (단음)

소리가 같은 말(1)

كلمات با همان صدا (1)

월   일

■ 다음을 쓰는 순서에 맞게 따라 쓰세요.
  (برای نوشتن صحیح کلمات زیر، ترتیب صحیح نوشتن را دنبال کنید.)

말 اسب (단음)   말 كلمه (장음)

벌 مجازات (단음)   벌 زنبور (장음)

상 میز (단음)   상 جایزه (단음)

굴 صدف (단음)   굴 غار (장음)

배 كشتی (단음)   배 شكم (단음)

말					
벌					
상					
굴					
배					

소리가 같은 말(1)

كلمات با همان صدا (1)

월 일

■ 다음을 쓰는 순서에 맞게 따라 쓰세요.
(برای نوشتن صحیح کلمات زیر، ترتیب صحیح نوشتن را دنبال کنید.)

다리 پل (단음)　　**다리** ران (단음)

다 리

새끼 بچه (단음)　　**새끼** طناب (단음)

새 끼

돌 سنگ (장음)　　**돌** اولین تولد کودک (단음)

돌

병 مریضی (장음)　　**병** بطری (단음)

병

바람 باد (단음)　　**바람** امید (단음)

바 람

소리가 같은 말(2)

کلمات با همان صدا (2)

■ 다음을 쓰는 순서에 맞게 따라 쓰세요.
  (برای نوشتن صحیح کلمات زیر، ترتیب صحیح نوشتن را دنبال کنید.)

깨	다				
묻	다				
싸	다				
세	다				
차	다				

깨다 بلند شو (장음)　　깨다 شکستن (단음)

묻다 دفن کردن (단음)　　묻다 پرسیدن (장음)

싸다 ارزان (단음)　　싸다 ادرار (단음)

세다 شمردن (장음)　　세다 نیرومند (장음)

차다 سرد (단음)　　차다 پر (단음)

소리가 같은 말(2)

كلمات با همان صدا (2)

월   일

■ 다음을 쓰는 순서에 맞게 따라 쓰세요.
(برای نوشتن صحیح کلمات زیر، ترتیب صحیح نوشتن را دنبال کنید.)

맞다 (단음) درست   맞다 ضربه خوردن (단음)

맡다 (단음) مسئولیت پذیرفتن   맡다 بوییدن (단음)

쓰다 تلخ (단음)    쓰다 نوشتن (단음)

맞	다			
맡	다			
쓰	다			

■ 다음을 쓰는 순서에 맞게 따라 쓰세요.
(برای نوشتن صحیح کلمات زیر، ترتیب صحیح نوشتن را دنبال کنید.)

어	흥				
꿀	꿀				
야	옹				
꼬	꼬	댁			
꽥	꽥				

어흥 غرش

꿀꿀 اوینک

야옹 میاو

꼬꼬 کلوک

꽥꽥 واک

소리를 흉내 내는 말

كلمات تقليد كننده اصوات

월 일

■ 다음을 쓰는 순서에 맞게 따라 쓰세요.
(برای نوشتن صحیح کلمات زیر، ترتیب صحیح نوشتن را دنبال کنید.)

붕			
매 앰			
부 르 릉			
딩 동			
빠 빠			

붕 زوم

매앰 ناله

부르릉 وروم

딩동 دینگ‌دونگ

빠빠 بیپ‌بیپ

부록　Appendix

■ 안녕하세요! K-한글(www.k-hangul.kr)입니다.
'외국인을 위한 기초 한글 배우기' 1호 기초 편에서 다루지 못한 내용을 부록 편에
다음과 같이 **40가지 주제별로** 수록하니, 많은 이용 바랍니다.

번호	주제	번호	주제	번호	주제
1	숫자(50개) Number(s)	16	인칭 대명사(14개) Personal pronouns	31	물건 사기(30개) Buying Goods
2	연도(15개) Year(s)	17	지시 대명사(10개) Demonstrative pronouns	32	전화하기(21개) Making a phone call
3	월(12개) Month(s)	18	의문 대명사(10개) Interrogative pronouns	33	인터넷(20개) Words related to the Internet
4	일(31개) Day(s)	19	가족(24개) Words related to Family	34	건강(35개) Words related to health
5	요일(10개) Day of a week	20	국적(20개) Countries	35	학교(51개) Words related to school
6	년(20개) Year(s)	21	인사(5개) Phrases related to greetings	36	취미(28개) Words related to hobby
7	개월(12개) Month(s)	22	작별(5개) Phrases related to bidding farewell	37	여행(35개) Travel
8	일(간), 주일(간)(16개) Counting Days	23	감사(3개) Phrases related to expressing gratitude	38	날씨(27개) Weather
9	시(20개) Units of Time(hours)	24	사과(7개) Phrases related to making an apology	39	은행(25개) Words related to bank
10	분(16개) Units of Time(minutes)	25	요구, 부탁(5개) Phrases related to asking a favor	40	우체국(14개) Words related to post office
11	시간(10개) Hour(s)	26	명령, 지시(5개) Phrases related to giving instructions		
12	시간사(25개) Words related to Time	27	칭찬, 감탄(7개) Phrases related to compliment and admiration		
13	계절(4개) seasons	28	환영, 축하, 기원(10개) Phrases related to welcoming, congratulating and blessing		
14	방위사(14개) Words related to directions	29	식당(30개) Words related to Restaurant		
15	양사(25개) quantifier	30	교통(42개) Words related to transportation		

MP3	주제	단어
	1. 숫자	1, 2, 3, 4, 5, / 6, 7, 8, 9, 10, / 11, 12, 13, 14, 15, / 16, 17, 18, 19, 20, / 21, 22, 23, 24, 25, / 26, 27, 28, 29, 30, / 31, 40, 50, 60, 70, / 80, 90, 100, 101, 102, / 110, 120, 130, 150, 천, / 만, 십만, 백만, 천만, 억
	2. 연도	1999년, 2000년, 2005년, 2010년, 2015년, / 2020년, 2023년, 2024년, 2025년, 2026년, / 2030년, 2035년, 2040년, 2045년, 2050년
	3. 월	1월, 2월, 3월, 4월, 5월, / 6월, 7월, 8월, 9월, 10월, / 11월, 12월
	4. 일	1일, 2일, 3일, 4일, 5일, / 6일, 7일, 8일, 9일, 10일, / 11일, 12일, 13일, 14일, 15일, / 16일, 17일, 18일, 19일, 20일, / 21일, 22일, 23일, 24일, 25일, / 26일, 27일, 28일, 29일, 30일, / 31일
	5. 요일	월요일, 화요일, 수요일, 목요일, 금요일, / 토요일, 일요일, 공휴일, 식목일, 현충일
	6. 년	1년, 2년, 3년, 4년, 5년, / 6년, 7년, 8년, 9년, 10년, / 15년, 20년, 30년, 40년, 50년, / 100년, 200년, 500년, 1000년, 2000년
	7. 개월	1개월(한 달), 2개월(두 달), 3개월(석 달), 4개월(네 달), 5개월(다섯 달), / 6개월(여섯 달), 7개월(일곱 달), 8개월(여덟 달), 9개월(아홉 달), 10개월(열 달), / 11개월(열한 달), 12개월(열두 달)
	8. 일(간), 주일(간)	하루(1일), 이틀(2일), 사흘(3일), 나흘(4일), 닷새(5일), / 엿새(6일), 이레(7일), 여드레(8일), 아흐레(9일), 열흘(10일), / 10일(간), 20일(간), 30일(간), 100일(간), 일주일(간), / 이 주일(간)
	9. 시	1시, 2시, 3시, 4시, 5시, / 6시, 7시, 8시, 9시, 10시, / 11시, 12시, 13시(오후 1시), 14시(오후 2시), 15시(오후 3시), / 18시(오후 6시), 20시(오후 8시), 22시(오후 10시), 24시(오후 12시)
	10. 분	1분, 2분, 3분, 4분, 5분, / 10분, 15분, 20분, 25분, 30분(반 시간), / 35분, 40분, 45분, 50분, 55분, / 60분(1시간)

MP3	주제	단어
	11. 시간	반 시간(30분), 1시간, 1시간 반(1시간 30분), 2시간, 3시간, / 4시간, 5시간, 10시간, 12시간, 24시간
	12. 시간사	오전, 정오, 오후, 아침, 점심, / 저녁, 지난주, 이번 주, 다음 주, 지난달, / 이번 달, 다음날, 재작년, 작년, 올해, / 내년, 내후년, 그저께(이틀 전날), 엊그제(바로 며칠 전), 어제(오늘의 하루 전날), / 오늘, 내일(1일 후), 모레(2일 후), 글피(3일 후), 그글피(4일 후)
	13. 계절	봄(春), 여름(夏), 가을(秋), 겨울(冬)
	14. 방위사	동쪽, 서쪽, 남쪽, 북쪽, 앞쪽, / 뒤쪽, 위쪽, 아래쪽, 안쪽, 바깥쪽, / 오른쪽, 왼쪽, 옆, 중간
	15. 양사	개(사용 범위가 가장 넓은 개체 양사), 장(평면이 있는 사물), 척(배를 세는 단위), 마리(날짐승이나 길짐승), 자루, / 다발(손에 쥘 수 있는 물건), 권(서적 류), 개(물건을 세는 단위), 갈래, 줄기(가늘고 긴 모양의 사물이나 굽은 사물), / 건(사건), 벌(의복), 쌍, 짝, 켤레, / 병, 조각(덩어리, 모양의 물건), 원(화폐), 대(각종 차량), 대(기계, 설비 등), / 근(무게의 단위), 킬로그램(힘의 크기, 무게를 나타내는 단위), 번(일의 차례나 일의 횟수를 세는 단위), 차례(단순히 반복적으로 발생하는 동작), 식사(끼)
	16. 인칭 대명사	※ 인칭 대명사 : 사람의 이름을 대신하여 나타내는 대명사. 나, 너, 저, 당신, 우리, / 저희, 여러분, 너희, 그, 그이, / 저분, 이분, 그녀, 그들
	17. 지시 대명사	※ 지시 대명사 : 사물이나 장소의 이름을 대신하여 나타내는 대명사. 이것, 이곳, 저것, 저곳, 저기, / 그것(사물이나 대상을 가리킴), 여기, 무엇(사물의 이름), 거기(가까운 곳, 이미 이야기한 곳), 어디(장소의 이름)
	18. 의문 대명사	※ 의문 대명사 : 물음의 대상을 나타내는 대명사. 누구(사람의 정체), 몇(수효), 어느(둘 이상의 것 가운데 대상이 되는 것), 어디(처소나 방향), 무엇(사물의 정체), / 언제, 얼마, 어떻게(어떤 방법, 방식, 모양, 형편, 이유), 어떤가?, 왜(무슨 까닭으로, 어떤 사실에 대하여 확인을 요구할 때)
	19. 가족	할아버지, 할머니, 아버지, 어머니, 남편, / 아내, 딸, 아들, 손녀, 손자, / 형제자매, 형, 오빠, 언니, 누나, / 여동생, 남동생, 이모, 이모부, 고모, / 고모부, 사촌, 삼촌, 숙모
	20. 국적	국가, 나라, 한국, 중국, 대만, / 일본, 미국, 영국, 캐나다, 인도네시아, / 독일, 러시아, 이탈리아, 프랑스, 인도, / 태국, 베트남, 캄보디아, 몽골, 라오스

MP3	주제	단어
	21. 인사	안녕하세요!, 안녕하셨어요?, 건강은 어떠세요?, 그에게 안부 전해주세요, 굿모닝!
	22. 작별	건강하세요, 행복하세요, 안녕(서로 만나거나 헤어질 때), 내일 보자, 다음에 보자.
	23. 감사	고마워, 감사합니다, 도와주셔서 감사드립니다.
	24. 사과	미안합니다, 괜찮아요!, 죄송합니다, 정말 죄송합니다, 모두 다 제 잘못입니다, / 오래 기다리셨습니다, 유감이네요.
	25. 요구, 부탁	잠시 기다리세요, 저 좀 도와주세요, 좀 빨리해 주세요, 문 좀 닫아주세요, 술 좀 적게 드세요.
	26. 명령, 지시	일어서라!, 들어오시게, 늦지 말아라, 수업 시간에는 말하지 마라, 금연입니다.
	27. 칭찬, 감탄	정말 잘됐다!, 정말 좋다, 정말 대단하다, 진짜 잘한다!, 정말 멋져!, / 솜씨가 보통이 아니네!, 영어를 잘하는군요. ※ 감탄사의 종류(감정이나 태도를 나타내는 단어) : 아하, 헉, 우와, 아이고, 아차, 앗, 어머, 저런, 여보, 야, 아니요, 네, 예, 그래, 얘 등
	28. 환영, 축하, 기원	환영합니다!, 또 오세요, 생일 축하해!, 대입 합격 축하해!, 축하드려요, / 부자 되세요, 행운이 깃드시길 바랍니다, 만사형통하시길 바랍니다, 건강하세요, 새해 복 많이 받으세요!
	29. 식당	음식, 야채, 먹다, 식사 도구, 메뉴판, / 세트 요리, 종업원, 주문하다, 요리를 내오다, 중국요리, / 맛, 달다, 담백하다, 맵다, 새콤달콤하다, / 신선하다, 국, 탕, 냅킨, 컵, / 제일 잘하는 요리, 계산, 잔돈, 포장하다, 치우다, / 건배, 맥주, 술집, 와인, 술에 취하다.
	30. 교통	말씀 좀 묻겠습니다, 길을 묻다, 길을 잃다, 길을 건너가다, 지도, / 부근, 사거리, 갈아타다, 노선, 버스, / 몇 번 버스, 정거장, 줄을 서다, 승차하다, 승객, / 차비, 지하철, 환승하다, 1호선, 좌석, / 출구, 택시, 택시를 타다, 차가 막히다, 차를 세우다, / 우회전, 좌회전, 유턴하다, 기차, 기차표, / 일반 침대석, 일등 침대석, 비행기, 공항, 여권, / 주민등록증, 연착하다, 이륙, 비자, 항공사, / 안전벨트, 현지시간

MP3	주제	단어
	31. 물건 사기	손님, 서비스, 가격, 가격 흥정, 노점, / 돈을 내다, 물건, 바겐세일, 싸다, 비싸다, / 사이즈, 슈퍼마켓, 얼마예요?, 주세요, 적당하다, / 점원, 품질, 백화점, 상표, 유명 브랜드, / 선물, 영수증, 할인, 반품하다, 구매, / 사은품, 카드 결제하다, 유행, 탈의실, 계산대
	32. 전화하기	여보세요, 걸다, ⁽다이얼을⁾누르다, ㅇㅇ 있나요?, 잘못 걸다, / 공중전화, 휴대전화 번호, 무료 전화, 국제전화, 국가번호, / 지역번호, 보내다, 문자 메시지, 시외전화, 전화받다, / 전화번호, 전화카드, 통화 중, 통화 요금, 휴대전화, / 스마트폰
	33. 인터넷	인터넷, 인터넷에 접속하다, 온라인게임, 와이파이, 전송하다, / 데이터, 동영상, 아이디, 비밀번호, 이메일, / 노트북, 검색하다, 웹사이트, 홈페이지 주소, 인터넷 쇼핑, / 업로드, 다운로드, pc방, 바이러스, 블로그
	34. 건강	병원, 의사, 간호사, 진찰하다, 수술, / 아프다, 환자, 입원, 퇴원, 기침하다, / 열나다, 체온, 설사가 나다, 콧물이 나다, 목이 아프다, / 염증을 일으키다, 건강, 금연하다, 약국, 처방전, / 비타민, 복용하다, 감기, 감기약, 마스크, / 비염, 고혈압, 골절, 두통, 알레르기, / 암, 전염병, 정신병, 혈액형, 주사 놓다
	35. 학교	초등학교, 중학교, 고등학교, 중·고등학교, 대학교, / 교실, 식당, 운동장, 기숙사, 도서관, / 교무실, 학생, 초등학생, 중학생, 고등학생, / 대학생, 유학생, 졸업생, 선생님, 교사, / 교장, 교수, 국어, 수학, 영어, / 과학, 음악, 미술, 체육, 입학하다, / 졸업하다, 학년, 전공, 공부하다, 수업을 시작하다, / 수업을 마치다, 출석을 부르다, 지각하다, 예습하다, 복습하다, / 숙제를 하다, 시험을 치다, 합격하다, 중간고사, 기말고사, / 여름방학, 겨울방학, 성적, 교과서, 칠판, / 분필
	36. 취미	축구 마니아, ㅇㅇ마니아, 여가 시간, 좋아하다, 독서, / 음악 감상, 영화 감상, 텔레비전 시청, 연극 관람, 우표 수집, / 등산, 바둑, 노래 부르기, 춤추기, 여행하기, / 게임하기, 요리, 운동, 야구⁽하다⁾, 농구⁽하다⁾, / 축구⁽하다⁾, 볼링⁽치다⁾, 배드민턴⁽치다⁾, 탁구⁽치다⁾, 스키⁽타다⁾, / 수영⁽하다⁾, 스케이팅, 태권도
	37. 여행	여행⁽하다⁾, 유람⁽하다⁾, 가이드, 투어, 여행사, / 관광명소, 관광특구, 명승지, 기념품, 무료, / 유료, 할인티켓, 고궁, 경복궁, 남산, / 한국민속촌, 호텔, 여관, 체크인, 체크아웃, / 빈 방, 보증금, 숙박비, 호실, 팁, / 싱글룸, 트윈룸, 스탠더드룸, 1박하다, 카드 키, / 로비, 룸서비스, 식당, 뷔페, 프런트 데스크
	38. 날씨	일기예보, 기온, 최고기온, 최저기온, 온도, / 영상, 영하, 덥다, 따뜻하다, 시원하다, / 춥다, 흐린 날씨, 맑은 날, 비가 오다, 눈이 내리다, / 건조하다, 습하다, 가랑비, 구름이 많이 끼다, 보슬비, / 천둥치다, 번개, 태풍, 폭우, 폭설, / 황사, 장마
	39. 은행	예금하다, 인출하다, 환전하다, 송금하다, 예금주, / 예금통장, 계좌, 계좌번호, 원금, 이자, / 잔여금액, 비밀번호, 현금카드, 현금 인출기, 수수료, / 현금, 한국 화폐, 미국 달러, 외국 화폐, 환율, / 환전소, 신용카드, 대출, 인터넷뱅킹, 폰뱅킹

MP3	주제	단어
	40. 우체국	편지, 편지봉투, 소포, 부치다, 보내는 사람, / 받는 사람, 우편물, 우편번호, 우편요금, 우체통, / 우표, 주소, 항공우편, EMS

1. 영어로 한글배우기
Learning Korean in **English**

2. 베트남어로 한글배우기
Học tiếng Hàn bằng **tiếng Việt**

3. 몽골어로 한글배우기
Монгол хэл дээр солонгос
цагаан толгой сурах

4. 일본어로 한글배우기
日本語でハングルを学ぼう

5. 스페인어로 한글배우기(유럽연합)
APRENDER COREANO EN
ESPAÑOL

6. 프랑스어로 한글배우기
Apprendre le coréen en
français

7. 러시아어로 한글배우기
Изучение хангыля
на русском языке

8. 중국어로 한글배우기
用中文学习韩文

9. 독일어로 한글배우기
Koreanisch lernen auf **Deutsch**

10. 태국어로 한글배우기
เรียนฮันกึลด้วยภาษาไทย

11. 힌디어로 한글배우기
हिंदी में हंगेउल सीखना

12. 아랍어로 한글배우기
تعلم اللغة الكورية بالعربية

13. 페르시아어로 한글배우기
یادگیری کره‌ای از طریق فارسی

14. 튀르키예어로 한글배우기
Hangıl'ı **Türkçe** Öğrenme

15. 포르투갈어로 한글배우기
Aprendendo Coreano em
Português

16. 스페인어로 한글배우기(남미)
Aprendizaje de coreano en
español

페르시아어를 사용하는 국민을 위한 기초 한글배우기

한글배우기 ❶ 기초편

2025년 5월 10일 초판 1쇄 발행

발행인 | 배영순
저자 | 권용선(權容璿)　　نویسنده: یونگ-سون کون
펴낸곳 | 홍익교육　　منتشر شده توسط: آموزش هنگیک، جمهوری کره جنوبی
기획·편집 | 아이한글 연구소
출판등록 | 2010-10호
주소 | 경기도 광명시 광명동 747-19 리츠팰리스 비동 504호
전화 | 02-2060-4011
홈페이지 | www.k-hangul.kr
E-mail | kwonys15@naver.com
정가 | 14,000원
ISBN 979-11-88505-59-3 / 13710